LA PALMA
sehen und erleben

GEQUO Verlag: La Palma Reiseführer
© 2017 GEQUO GmbH

NATUR ERLEBEN

Wasserfall in der Caldera

Cascada de Colores

Die Caldera de Taburiente

Blick vom Roque de los Muchachos

Cumbre de Los Andenes

Der Naturpark

Die Cumbre Vieja

Die Barrancos im Norden

Cratér Hoyo Negro

ZIELE AUF LA PALMA

Santa Cruz — Barlovento

Los Tiles

Küstenlandschaft des Nordens

Barlovento — Garafía

Piscinas de La Fajana

El Fajana

Die Piratenbucht

Los Llanos de Aridane

El Paso

WISSENSWERTES

Die Insel

Sternenbeobachtung

Klima

Natur

*Mudéjar
Kirchendecke*

Fauna

Bananenstaude

Flora

Kanarischer Bläuling

REISEINFORMATIONEN

Aktivitäten

Reiseinformationen

Sprachführer

Teline

Gecko

*Kanarische
Glockenblume*

Lotus Pyranthus

DIE SCHÖNSTEN WANDERUNGEN

Roque del Huso

Wilder Barranco

Teneguía

Die Caldera de Taburiente

Den spektakulären Vulkankessel von acht Kilometer Durchmesser und anderthalb Kilometern Tiefe muss man mit eigenen Augen sehen. Wanderern öffnet sich im Nationalpark eine Schatzkammer geologischer und biologischer Vielfalt.

Die Cumbre de los Andenes

Der Höhenzug bildet die nördliche Grenze zum gewaltigen Krater im Zentrum der Insel. Hier wartet der »Roque de los Muchachos« als höchster Berg der Insel mit 2.426 Metern darauf erklommen zu werden.

Die Cumbre Vieja

Der Naturpark im Süden ist das sichtbare Zeugnis der jüngsten vulkanischen Aktivitäten auf La Palma. Das Highlight für Wanderer, die »Ruta de los Volcanes«, belohnt mit einer spektakulären Landschaft aus Kiefernwäldern und bizarren Lavaformationen.

Die Barrancos im Norden

Im Norden La Palmas warten beeindruckende Schluchten und einsame Dörfer darauf, entdeckt zu werden. Inmitten von unberührter Natur lassen sich hier atemberaubende Aussichten auf die Küste und das Meer genießen.

DIE CALDERA DE TABURIENTE

Die Caldera de Taburiente ist ein riesiger, halbkreisförmiger Erosionskrater im nördlichen Zentrum La Palmas. Mit einem Umfang von knapp 30 Kilometern, einem Durchmesser von ca. acht Kilometern und einer Tiefe von ungefähr 1.700 Metern ist er einer der größten Krater weltweit.

Die tief eingesunkene Caldera ist von vielen hohen Bergen umgeben, unter ihnen auch der höchste Berg der Insel, der Roque de los Muchachos (2.426 Meter). Von seinem im Winter auch gelegentlich schneebedeckten Gipfel hat man einen atemberaubenden Ausblick über die Caldera: tiefe, enge Schluchten, bizarre Gesteinsformationen, weitläufige Kiefernwälder erstrecken sich soweit der Blick reicht. Auf vielen Wegen passieren Wanderer spektakuläre Wasserfälle sowie Quellen und Bäche, die in der Caldera im Rio Taburiente zusammenfließen.

Wasserfall in der Caldera

Nationalpark im Herzen der Insel

Seit 1954 ist die Caldera de Taburiente ein Nationalpark. Dies verdankt sie nicht nur ihrer faszinierenden Landschaft, sondern auch ihrer wissenschaftlichen Bedeutung. Denn nicht nur Wanderer, die hier unterschiedliche Routen verschiedener Schwierigkeitsgrade finden, werden von der Caldera angelockt. Botaniker, Geologen und Zoologen untersuchen die üppige Pflanzenwelt, interessante Gesteinsformationen sowie unterschiedliche Vogelarten und andere Tiere.

Wandern im Nationalpark ▶ab S. 46

Bild l. und o. Blick über den Nationalpark vom Caldera-Höhenwanderweg

GEOLOGISCHE URSPRÜNGE

In der Forschung ist die Entstehungsgeschichte der Caldera de Taburiente bis heute umstritten. Wesentlich zur heutigen Form hat die über viele Tausend Jahre beständige Wirkung der erosiven Kräfte von Wind und Wasser beigetragen. Die außergewöhnliche Tiefe der Caldera und des beeindruckenden Barranco de las Angustias geht nach heutiger Expertenmeinung auf geotektonische Prozesse zurück.

Doch gibt es auch Gesteinsschichten, die aufgrund ihrer Zusammensetzung den Kräften der Erosion standhalten konnten. Da die sie umgebenden Gesteinsschichten im Laufe der Zeit durch die Erosion abgetragen wurden, sind viele von ihnen heute in teils bizarren Formen für uns sichtbar. Ein Beispiel dafür ist der Roque Idafe, der durch seine außergewöhnliche Form besonders aufsehenerregend ist.

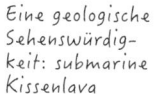

Eine geologische Sehenswürdigkeit: submarine Kissenlava

Inmitten der tiefen Kiefernwälder, schroffen Felsen, Schluchten und Wasserläufe gibt es noch weitere geologische Sehenswürdigkeiten: zum Beispiel die submarine Kissenlava, die man im Barranco de las Angustias finden kann. Wie der Name andeutet, entsteht diese Form von Lava bei Austritt unter Wasser durch das extrem schnelle Auskühlen. Ihren Namen verdankt sie ihrer Form, die an angehäufte Kissen erinnert.

Ein besonderes, farbenprächtiges Schauspiel bietet sich Wanderern mit dem Wasserfall »Cascada de Colores«. Die Mineralstoffe im Wasser haben hier die Felsen rot, glänzend-orange und leuchtend gelb gefärbt. Selbst das Wasser ist teilweise eingefärbt. Bereichert wird das farbenfrohe Spektakel noch durch die grün leuchtenden Moosflechten.

Bild o. und r. submarine Kissenlava

DIE FLORA DER CALDERA

Im kanarischen Archipel ist La Palma die Insel mit der reichsten Pflanzenwelt. Auch die Caldera de Taburiente hat eine vielfältige Flora. Vor allem wachsen in ihr auch eine große Anzahl endemischer Pflanzen, die entweder nur auf La Palma oder ausschließlich auf den Kanarischen Inseln vorkommen.

Die Pflanzenwelt der Caldera wird dominiert von der Kanarischen Kiefer. Ab einer Höhe von 1.000 Metern finden sich umfangreiche Bestände dieses Nadelbaumes. Die Kanarische Kiefer ist ebenso wie die in ihrem Unterholz zu findende Beinwellblättrige Zistrose ein kanarischer Endemit.

Aeonium

Aeonium Nobile

Beinwellblättrige Zistrose

Das La Palma-Veilchen und der Klebrige Drüsenginster kommen nur auf La Palma in den alpinen Regionen ab einer Höhe von etwa 1.700 Metern vor. Hier wächst auch die Kanarische Zeder, ein mittlerweile selten gewordener kanarischer Endemit. Darüber hinaus gedeihen in diesen Höhenlagen auch diverse Gattungen des Natternkopfs. Zu diesen gehört der Enzianartige Natternkopf, einer von drei Endemiten, die nur im Caldera-Nationalpark vorkommen. Die beiden anderen, die Hauswurz-Arten Aeonium und Aeonium Nobile wachsen vor allem im Barranco de las Angustias.

Enzianartiger Natternkopf

Entlang der Gewässer am Fuß des Barranco de las Angustias findet man des Weiteren die Kanarische Weide. Obwohl der Name anderes vermuten lässt, ist der kleine Baum auch auf Madeira heimisch.

Wildprets rosablühender Natternkopf

Bild l. Kanarische Kiefer, Bild o. La Palma-Veilchen (Viola palmensis)

DIE FAUNA DER CALDERA

Graja

Neben der vielfältigen Pflanzenwelt gibt es auch einige besondere tierische Bewohner in der Caldera de Taburiente.

Von den rund 25 erfassten Vogelarten fällt die Graja genannte kanarische Unterart der Alpenkrähe besonders auf. Sie ist leicht an ihrem glänzenden, schwarzen Federkleid, dem leuchtend roten Schnabel und ihrem typischen Krächzen zu erkennen. Oft ist sie in lautstarken Schwärmen anzutreffen. Ihr bevorzugtes Aufenthaltsgebiet sind die mittleren bis oberen vulkanisch-felsigen Lagen. Die an ihrer leuchtend gelben Unterseite erkennbare Gebirgsstelze findet man primär in der Nähe der Bäche. Schwerer zu erspähen ist der seiner felsigen Umgebung angepasste Kanarenpieper, der die trockenen, mit Büschen bewachsenen Berghänge der Caldera bewohnt.

Gebirgsstelze

Die Familie der Säugetiere wird durch drei Fledermausarten und durch die vom Menschen eingeschleppten Wildkaninchen, Mäuse, Ziegen und Mähnenspringer (Schafe) vertreten. Die Fledermausart Kanaren-Langohr lebt nur auf Teneriffa und La Palma und ist noch in über 2.000 Metern aktiv.

Kanarenpieper

Unter den Reptilien ist sicher die blaukehlige Kanareneidechse das spektakulärste Tier. Die auf La Palma heimische Unterart ist endemisch und lebt in steinigem Gelände, das ausreichend Spalten und Ritzen zum Verstecken bietet. In der Nachbarschaft zum Menschen versteckt sie sich gerne in den offenen Fugen von Natursteinmauern. Der auch auf Teneriffa lebende Kanarengecko kommt mit Höhen bis 2.300 Metern zurecht, bevorzugt aber niedrige Höhen bis 300 Metern. Wie die Kanareneidechse lebt er auch im Siedlungsbereich des Menschen.

Feuerlibelle

Als einzige Amphibienart lebt der Iberische Wasserfrosch im Nationalpark an sämtlichen Gewässern bis zu 2.000 Metern Höhe. Ursprünglich stammt er vom spanischen Festland und wurde vom Menschen eingeschleppt.

Bild r. blaukehlige Eidechse (Gallotia galloti palmae)

DIE PLAYA DE TABURIENTE

Mitten durch die Caldera erstreckt sich, nordöstlich etwas oberhalb des Barranco de las Angustias, die Playa de Taburiente, die breite Bachniederung des ganzjährig Wasser führenden Rio de Taburiente. Die Playa de Taburiente bildet das Herz der Caldera.

Auf dem Weg durch die Playa Taburiente stößt man auf die unterschiedlichsten Gesteinsarten. Das Wasser fließt zwischen Geröll und grünen Büschen vorbei an herrlichen Kiefernwäldern. Auch landschaftlich ist hier viel geboten.

Das Herz der Caldera:
Die Playa de Taburiente

Hinter einem etwas oberhalb des Wasserlaufs gelegenen Weidenwäldchens befindet sich die Zona Acampada, der Campingplatz. Die notwendige Genehmigung muss mindestens 24 Stunden im Voraus online unter www.reservasparquesnacionales.es oder direkt im Besucherzentrum des Nationalparks erworben werden. Führt der Rio de Taburiente ausreichend Wasser, können sich Wanderer auch im kühlen Bergbachwasser erfrischen.

Viele Wanderer, die auf dem Campingplatz übernachten, machen nach ihrer Ankunft an der Zona Acampada noch einen Abstecher zum höchsten Wasserfall der Caldera, der Cascada de Desfondada. Man erreicht die Playa de Taburiente entweder vom Barranco de las Angustias oder von Los Brecitos aus.

Wanderung
▶ S. 52

Bild l. die Playa de Taburiente mit Roque del Huso,
Bild o. Gesteinsschichten an der Playa de Taburiente

HOYO VERDE UND CASCADA DE DESFONDADA

Der höchste Wasserfall der Insel

Die Cascada de Desfondada oder de La Fondada ist mit 100 Metern der höchste Wasserfall der Insel und liegt im nördlichen Zentrum der Caldera de Taburiente. Der Wasserfall führt zwar wenig Wasser und ist daher recht schmal, doch fällt er in einen engen Barranco und ist allein aufgrund seiner Höhe sehenswert.

Mirador de Desfondada

Von Brecitos kommend zweigt kurz vor der Playa de Taburiente und dem Campingplatz links ein kleiner Weg ab. Folgt man diesem, gelangt man zum Barranco de Hoyo Verde, einer Schlucht am nördlichen Rand der Caldera. Der Weg führt zunächst über steile Serpentinen den mit Kiefern bestandenen Hang des bizarr geformten Roque del Huso hinauf. Als nächstes biegt der Weg rechts zum Mirador de La Fondada ab. Dieser bietet einen fantastischen Blick auf den Wasserfall Cascada de La Fondada, der schnurgerade in den tiefen Barranco hinabstürzt. Dank der konstanten Feuchtigkeit gibt es in der Umgebung des Wasserfalls eine üppige Vegetation.

Roque del Huso

Hoyo Verde

Folgt man dem Weg rund eine weitere Stunde erreicht man den Aussichtspunkt Mirador de Hoyo Verde. Von diesem bietet sich ein phänomenaler Ausblick auf die steilen Hänge und Quellen im Talbecken Hoyo Verde, auf die Cascada de Desfondada und die umliegenden Berge der Caldera de Taburiente.

Bild o. Roques del Huso y de la Viña, Bild r. Cascada de Desfondada

BARRANCO DE LAS ANGUSTIAS
UND DOS AGUAS

Der Barranco de las Angustias ist eine schmale und tiefe Schlucht und der natürliche Abfluss der Caldera de Taburiente. Die Schluchten, die bis zur Westküste der La Palmas reichen, öffnen beim Ort Tazacorte den Kessel in südwestlicher Richtung. Sie bilden den kürzesten Zugang zur Caldera. Wer diesen Weg zur Caldera wandern möchte, muss sich auf einen langen und beschwerlichen Aufstieg einstellen.

»Die Schlucht der Ängste«

Dem Verlauf des Barranco de las Angustias in Richtung Zona Acampada folgend, gelangt man nach einiger Zeit zu Dos Aguas. Hier fließen der klare Rio Taburiente und der ocker bis rostrote Rio Almendro Amargo zusammen.

Dos Aguas: Zusammenfluss des Rio Taburiente links und des Almendro Amargo rechts

Immer wieder muss man auf dem Weg durch den Barranco über Trittsteine die Uferseite wechseln. Der Weg führt vorbei an zahlreichen Ansammlungen von Kissenlava. Durch geologische Prozesse wie Grünverwitterung färbt sich das Gestein und lässt den Rio Taburiente an mehreren Stellen algengrün schimmern.

Kissenlava

Kommt es zu heftigen Regenschauern, verwandelt sich besonders der Rio Taburiente in einen reißenden Fluss. Eine Durchquerung ist dann unmöglich. Doch auch im trockenen Sommer lassen sich nasse Füße nicht immer vermeiden.

Der Name des Barrancos bedeutet soviel wie »Schlucht der Ängste« – und das nicht ohne Grund. Hält man sich bei hereinbrechendem, starkem Regen in der tiefen Schlucht auf, kann es schnell lebensgefährlich werden, denn man hat so gut wie keine Fluchtmöglichkeit aus dem tiefen Bachbett. Aus diesem Grund sperrt die Nationalparkaufsicht bei entsprechenden Wetterverhältnissen den Wanderweg.

rostrote Färbung am Flußbett

Von Dos Aguas aus lohnt sich ein Abstecher den Rio Almendro Amargo und im weiteren Verlauf den Rio Rivanceras entlang zur Cascada de Colores, dem »Wasserfall der Farben«.

Cascada de Colores
▶ S. 32

Bild o. u. Bild r. Barranco de las Angustias

ROQUE IDAFE

Zwischen dem Barranco Almendro Amargo und dem Barranco Rivanceras verläuft ein Bergkamm. Dort erhebt sich der fingerförmige, etwa 100 Meter hohe Roque Idafe auf einem nur schwer erreichbaren Felsplateau. Durch seine besondere Form kann der Roque Idafe nicht bestiegen werden. Allerdings ist er ein sehr beliebtes Fotomotiv.

Einst im Vulkanschlot erkaltetes Ergußgestein bildet einen Monolith. Die besondere Gesteinszusammensetzung konnte über die Jahrhunderte hinweg den Kräften der Erosion standhalten, während der Rest des Vulkankegels durch Wind und Wasser abgetragen wurde.

Für die Ureinwohner La Palmas war der Roque Idafe ein Heiligtum. Sie sahen in ihm eine Verbindung zwischen Himmel und Erde. Seine ungewöhnliche Form weckte bei ihnen die Angst, er könne abbrechen. Um dies zu verhindern, brachten sie ihm in regelmäßigen Abständen Opfer – meist Eingeweide von Tieren – dar. Einige Forscher vermuten auch, dass der Roque Idafe aufgrund der besonderen Form auch Gegenstand eines Fruchtbarkeitskultes gewesen sein könnte.

RIO ALMENDRO AMARGO
UND RIO RIVANCERAS

*Cascada am
Rio Almendro Amargo*

Durch den Roque Idafe getrennt verlaufen die Barrancos Almendro Amargo und Rivanceras oder Ribanseras. In beiden Schluchten fließen nach diesen benannte Bäche. Das von Eisensalzen rostfarbene Wasser des Rio Rivanceras mündet in den dann noch klaren Rio Almendro Amargo und färbt diesen ebenfalls ein.

Eine kurze Wanderung (je nach Form rund 10 – 20 Minuten) entlang des Rio Rivanceras führt zu einem beeindruckend farbprächtigen Naturschauspiel, dem bunten Wasserfall »Cascada de Colores«. Die Felswände und das Wasser zeigen sich in kräftigen Rot- bis Brauntönen. Die in der feuchten Umgebung gut gedeihenden Moosflechten steuern grüne Farbtupfer bei.

Zusammenfluss des Rio Almendro Amargo und des ockergelben Rivanceras

Bild r. Rio Rivanceras

CASCADA DE COLORES

Im Zentrum der Caldera de Taburiente befindet sich die Cascada de Colores, der »Wasserfall der Farben«. Der im Barranco de Rivanceras an einer steilen Felswand hinabstürzende Wasserfall gehört zu den faszinierendsten Naturschauspielen La Palmas.

Die Felsen seiner Wände leuchten in Rot-, Orange- und Gelbtönen. Diese Färbung entsteht durch den hohen Eisenanteil des äußerst mineralstoffhaltigen Wassers. Einen besonderen Akzent fügen dann noch die grünen Moosflechten hinzu, die an den Felswänden und auf den Steinen im Wasserlauf wachsen.

Der »Wasserfall der Farben«

Den Weg zur Cascada de Colores weist von Dos Aguas aus das rötlich ockerfarbene Wasser des Rio Almendro Amargo. Folgt man dem farbigen Wasser weiter, gelangt man in den Barranco de Rivanceras mit dem gleichnamigen Bach.

Um das Farbenspektakel sehen zu können, muss man durch den Wasserlauf hindurch waten. Man sollte also von vorneherein berücksichtigen, dass die Füße nass werden.

LA CUMBRECITA

La Cumbrecita ist der niedrigste Bergsattel der Caldera de Taburiente und befindet sich in ihrem Süden. Sie ist leicht zugänglich und ein beliebtes Wanderziel im Nationalpark. Zugleich bietet sie einen Zugang in das Innere der Caldera.

Wanderung
▶ S. 48

Von El Paso aus ist sie gut zu erreichen. Die Cumbrecita bietet gut angelegte Wanderwege, die zu herrlichen Aussichtspunkten führen – und das bei einer maßvollen Dauer.

Die bekanntesten Aussichtspunkte der Cumbrecita sind der Mirador Lomo de las Chozas und der Mirador de los Roques. Speziell der kurze, bequeme Weg zum Mirador Lomo de las Chozas ist auch für Kinder gut geeignet. Von beiden Miradores aus hat man eine phänomenale Aussicht auf die imposante Landschaft. Von der Cumbrecita selbst aus ist der Blick hinein in die Caldera allerdings nur bedingt möglich – aufgrund des recht dichten Baumbestandes.

La Cumbrecita ist auch der Ausgangspunkt einer anspruchsvollen Route entlang des östlichen Randes des Nationalparks zum Lomo del Escuchadero. Die Fortsetzung der Wanderung zur Playa de Taburiente ist – sofern die Wege nicht gesperrt sind – nur erfahrenen und ausdauernden Wanderern zu empfehlen.

Bild o. die Roques de Cumbrecita vor der Punta de Los Roques,
Bild r. Ausblicke von La Cumbrecita in die Caldera de Taburiente

MIRADOR DE LOS ROQUES

Von La Cumbrecita führt ein schmaler Pfad durch ein Waldgebiet rund 150 Höhenmeter abwärts zum Mirador de los Roques. Der hinter einer kahlen Felswand gelegene Aussichtspunkt bietet eine spektakuläre Sicht auf die Caldera de Taburiente.

Der Mirador besitzt eine mit einem Holzgeländer gesicherte Platt-form, von der man den Ausblick auf die bewaldeten Hänge der die Caldera umgebende Gipfelkette, die schroffe Felslandschaft, die tiefen Schluchten und die teils wolkenverhangenen Berggipfel ge-nießen kann.

Auf der linken Seite sieht man den kahlen und unbewaldeten Gipfel des Pico Bejenado zwischen den Bäumen aufragen. Vom Mirador de los Roques erreicht man in kurzer Zeit auch den nahe gelegenen Mirador Lomo de las Chozas. Die Wanderung ist im Rahmen der Tour »Rundwanderung – Cumbrecita« beschrieben.

Wanderung
▶ S. 48

MIRADOR LOMO DE LAS CHOZAS

Den Mirador Lomo de las Chozas kann man bequem und schnell zu Fuß erreichen. Damit bildet er auf La Palma eine große Ausnahme. Der Weg zum Mirador und zurück führt über eine einfache Piste durch einen dichten Kiefernwald. Der Aussichtspunkt liegt auf der Cumbrecita, dem niedrigsten Bergsattel der Caldera de Taburiente. In seiner Nähe liegt der Mirador de los Roques.

Auf dem Weg, der zum naturkundlichen Lehrpfad ausgebaut wurde, gelangt man schnell zum Mirador. Während der Wanderung zum Aussichtspunkt ist der Blick auf die Weiten der Caldera noch durch den Berghang und den Kiefernwald verdeckt. Vom Mirador aus kann man dann jedoch einen grandiosen Ausblick genießen.

Die mächtigen Caldera-Gipfel umringen das Tal und ragen imposant empor. Über ihnen strahlt der meist blaue Himmel. Die Hänge sind mit lichtem Kiefernwald bedeckt. Steile Felswände stürzen hinab in den romantischen Talgrund, der von Wasserläufen durchquert wird.

Der Ausblick ist so großartig, dass man hier wohl erst etwas verweilen will, ehe man sich wieder auf den Rückweg macht.

Bilder: Aussicht vom Mirador Lomo de las Chozas

PICO BEJENADO

Im südlichen Teil des Nationalparks, liegt eines der schönsten und beliebtesten Ausflugsziele der ganzen Insel: der 1.854 Meter hohe Pico Bejenado. Erdgeschichtlich ist er deutlich jünger als seine Umgebung. Der längst verloschene Vulkan entstand erst nach dem Einsturz der Caldera de Taburiente nach einer weiteren Phase vulkanischer Aktivitäten. Er gilt als »wahrer« Gipfel der Insel, da er der einzige wirklich allein stehende Berg ist.

Der einzig »wahre« Gipfel La Palmas

Blick vom Gipfel

Vom Bejenado aus erstreckt sich ein einzigartiger Panoramablick auf die Landschaft der Caldera, die südlich gelegene Cumbre Vieja sowie auf weite Teile der Westküste La Palmas. Da er sehr steil ist, kann der Berg nur von Süden her bestiegen werden, dazu müssen rund 800 Höhenmeter überwunden werden. Den eigentlichen Gipfel bildet ein kleiner Fels, der sich über einer Plattform erhebt. Die Nordseite des Pico Bejenado stürzt 800 bis 900 Meter in die Tiefe.

TORRE DEL TIME UND LOS BRECITOS

Die beiden Aussichtspunkte Torre del Time und Los Brecitos befinden sich im äußersten Südwesten der Caldera de Taburiente.

Torre del Time

Am Rand des Nationalparks liegt der Torre del Time, ein Feuerwachturm für die Früherkennung von Waldbränden. Der Wachturm selber ist nicht zugänglich. Aber auch aus seiner Nachbarschaft ist die Aussicht auf die felsige Schluchtenlandschaft der Caldera, den schroffen Barranco de las Angustias, den Pico Bejenado, die südlich gelegene Cumbre und weite Teile der Westküste La Palmas phänomenal. Eine mittelschwere Wanderroute führt zum Torre del Time: Von El Jesus (mit dem Bus erreichbar) über El Pinar und Hoya Grande – auch als Rundweg gestaltbar. Den Torre del Time passiert auch der rund 90 Kilometer lange Fernwanderweg GR 131 von Tazacorte bis Fuencaliente.

Wanderung
▶ S. 52

Den Mirador de los Brecitos kann man am besten von Los Llanos aus erreichen. Von diesem Aussichtspunkt hat man faszinierende Blicke auf die Caldera de Taburiente, die sie umgebenden Berge, den Barranco de las Angustias und sogar den Atlantik. Zugleich dient der Mirador als Ausgangspunkt für die große Wanderung hinab in die Caldera.

Bild o. Ausblick von Los Brecitos, Bild r. die Agujeritos genannten Felsspitzen

CENTRO DE VISITANTES —
PARQUE NACIONAL CALDERA DE TABURIENTE

Das Besucherzentrum des Nationalparks ist nicht nur für erstmalige Besucher zentrale Anlaufstelle für Informationen rund um den Nationalpark. Wissenswertes zu Geologie, Klima, Flora und Fauna der Region und zum Teil der ganzen Insel sind auf Schaubildern, an Computerterminals und in Filmvorführungen ansprechend aufbereitet. Weiterführende Informationen vermitteln eine Videothek, eine Bibliothek und ein Garten mit seltenen Pflanzenarten, die in der freien Natur kaum noch anzutreffen sind.

NATIONALPARK
CALDERA DE
TABURIENTE

HINWEIS

Im Besucherzentrum ist auch die Genehmigung für eine Übernachtung auf dem Campingplatz in der Caldera sowie eine Wartenummer für den Parkplatz an der Cumbrecita erhältlich. Die Reservierung für den Campingplatz bei der Playa Taburiente und den Parkplatz Cumbrecita können auch online vorgenommen werden:
www.reservasparquesnacionales.es
Darüber hinaus gibt es Informationspunkte am Roque de los Muchachos, dem Barranco de las Angustias und auf der Cumbrecita.

Öffnungszeiten

täglich von 9:00 bis 14:00
und 16:00 bis 18:30 Uhr
Eintritt frei

Anreise

Das Besucherzentrum befindet sich am östlichen Ortsausgang von El Paso. Es liegt an der Landstraße LP-2 zwischen Llanos de Aridane und Santa Cruz de La Palma.

Ctra. General de Padrón 47
38750 El Paso
Tel.: +34 922 922 280
infcalde.cmayot@gobiernodecanarias.
org

Bild l. Steilwand in der Caldera de Taburiente auf dem Weg zum El Escuchadero

WANDERN IM NATIONALPARK

Der Zugang zum Nationalpark, einem reinen Wandergebiet, das nur zu Fuß zu erkunden ist, erfolgt über den Barranco de las Angustias oder La Cumbrecita.

Vier Schwierigkeitsgrade kennzeichnen die schmalen Wege, die sich durch die Landschaft schlängeln. Die Witterungsbedingungen beeinflussen die Qualität der Wanderwege erheblich, deshalb sollte man sich vor Beginn einer Wanderung über den Zustand der Wege und eventuelle Sperrungen informieren. Aushänge der Nationalparkverwaltung zu Windstärken und Wettervorhersagen finden sich an den Infopunkten La Cumbrecita, Barranco da Angustias und Roque de los Muchachos.

Der ideale Zeitpunkt für den Aufbruch zu Wanderungen ist in der Regel früh am Morgen. Einerseits können die um die Mittagszeit häufig aufziehenden Passatwolken die Aussicht beeinträchtigen, andererseits sollte gerade auch bei längeren und schwierigeren Wandertouren das Ziel noch vor Einbruch der Dunkelheit erreicht werden.

In den Höhenlagen ist die Sonneneinstrahlung besonders intensiv, während es im Winter sehr kalt werden kann. Unbedingt empfehlenswert sind daher Sonnenschutz, passende Kleidung sowie Wasser- und Proviantvorräte, da es im Nationalpark keine Einkehrmöglichkeiten gibt.

Zum Schutz der Natur und zur persönlichen Sicherheit dürfen die Wege im Nationalpark nicht verlassen werden.

Bild o. steilabfallende Felswände am Rande der Caldera

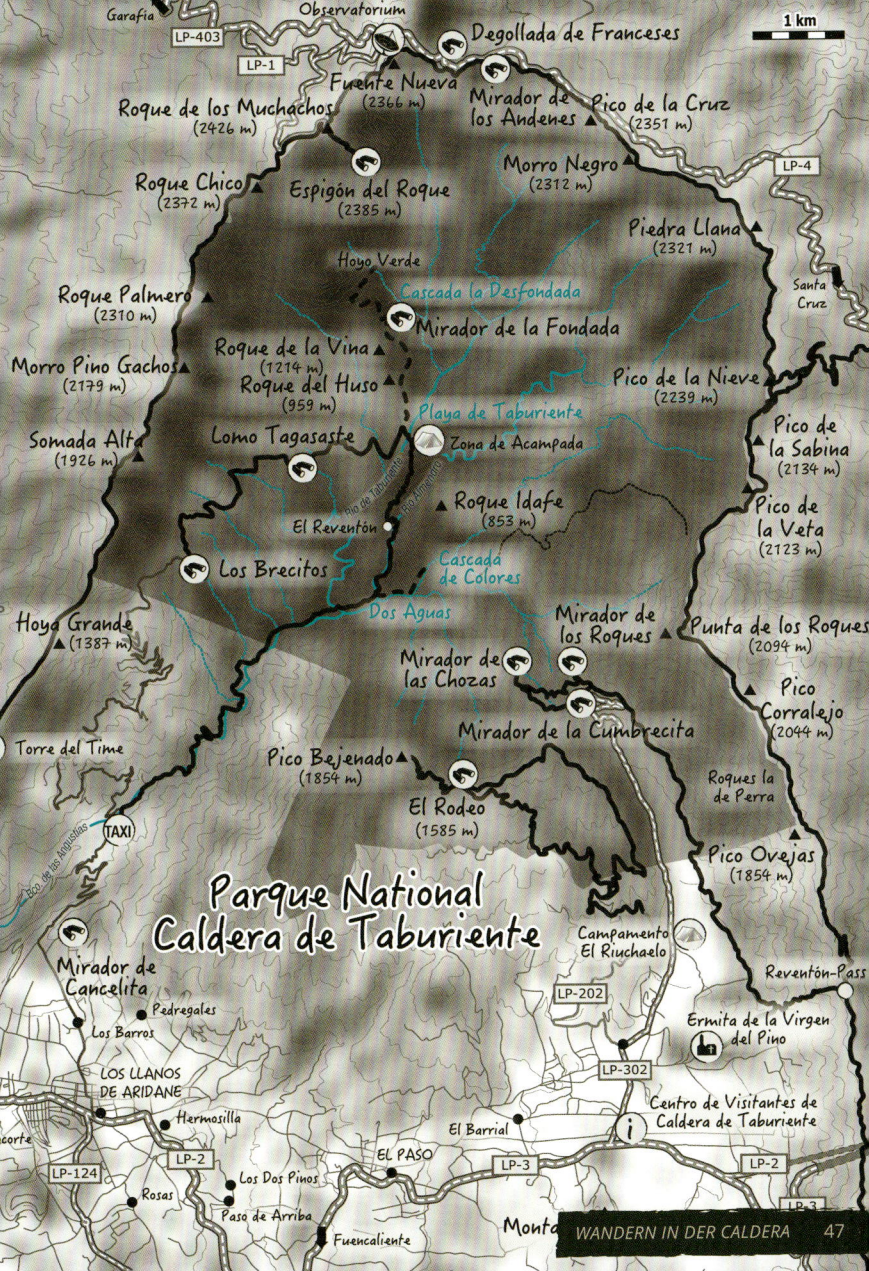

Garafía

Observatorium

Degollada de Franceses

1 km

LP-403

LP-1

Fuente Nueva
(2366 m)

Roque de los Muchachos
(2426 m)

Mirador de
los Andenes

Pico de la Cruz
(2351 m)

Roque Chico
(2372 m)

Espigón del Roque
(2385 m)

Morro Negro
(2312 m)

LP-4

Piedra Llana
(2321 m)

Hoyo Verde

Cascada la Desfondada

Santa
Cruz

Roque Palmero
(2310 m)

Mirador de la Fondada

Morro Pino Gachos
(2179 m)

Roque de la Viña
(1214 m)

Roque del Huso
(959 m)

Pico de la Nieve
(2239 m)

Playa de Taburiente

Somada Alta
(1926 m)

Lomo Tagasaste

Zona de Acampada

Pico de
la Sabina
(2134 m)

Río de Taburiente

Río Almendro

Roque Idafe
(853 m)

Pico de
la Veta
(2123 m)

El Reventón

Cascada
de Colores

Los Brecitos

Dos Aguas

Mirador de
los Roques

Punta de los Roques
(2094 m)

Hoya Grande
(1387 m)

Mirador de
las Chozas

Mirador de la Cumbrecita

Pico
Corralejo
(2044 m)

Torre del Time

Pico Bejenado
(1854 m)

El Rodeo
(1585 m)

Roques la
de Perra

TAXI

Río de las Angustias

Pico Ovejas
(1854 m)

Parque National
Caldera de Taburiente

Campamento
El Riuchaelo

Reventón-Pass

Mirador de
Cancelita

LP-202

Pedregales

Los Barros

Ermita de la Virgen
del Pino

LOS LLANOS
DE ARIDANE

LP-302

Hermosilla

El Barrial

Centro de Visitantes de
Caldera de Taburiente

corte

LP-124

LP-2

Los Dos Pinos

EL PASO

LP-3

LP-2

Rosas

Paso de Arriba

LP-3

Fuencaliente

Monta

»RUNDWANDERUNG — LA CUMBRECITA«

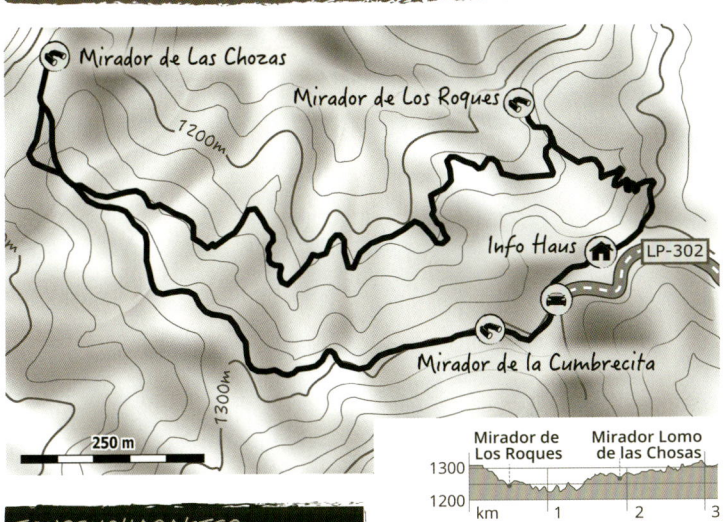

TOURENCHARAKTER

Hierbei handelt es sich um einen moderaten Fußmarsch durch den Bergwald der Cumbrecita zu den herrlichen Aussichtspunkten Mirador de los Roques und Mirador Lomo de las Chozas. Beide bieten großartige Ausblicke über die Caldera de Taburiente.

HINWEIS

Wasservorrat und Proviant selbst mitbringen, es gibt keine Einkehrmöglichkeit. Es empfiehlt sich, die Wanderung möglichst früh zu beginnen, da in den Mittagsstunden häufig Passatwolken die schöne Aussicht verdecken können.

Ausgangs- und Endpunkt:
Parkplatz La Cumbrecita;
man erreicht ihn über die Regionalstraße LP-302 von El Paso.

Schwierigkeitsgrad:
leicht

Dauer:
1,5 – 2 Std Gehzeit (ca. 3,2 km)

Höhenunterschiede:
ca. 100 m Auf- und Abstieg

Variation:
nur zum Mirador de las Chozas: 2 km

Bild l. Ausblick über die Caldera

Ausgangspunkt der Wanderung ist das Ende des Oberen der beiden Parkplätze. Der Weg führt zunächst links am Infohäuschen vorbei einen leicht bewaldeten Bergsattel hinauf. Nach wenigen Metern wendet man sich nach links und ein grob gepflasterter Weg führt in Kehren hinunter in den Kiefernwald. Nun einfach den Wegweisern zum Mirador de los Roques folgen. Dieser bietet einen faszinierenden Rundblick hinein in die Caldera und auf die umgebenden Berge.

Nun geht es wieder ein Stück zurück zur letzten Abzweigung und nach rechts weiter im Zickzackkurs den Berghang entlang. Langsam beginnt der Weg anzusteigen, ehe man nach etwa einem Kilometer die Querverbindung von Cumbrecita und Mirador de las Chozas erreicht.

Hier und an der nächsten Weggabelung hält man sich immer rechts. Nach etwa 200 Metern ist der Aussichtspunkt erreicht. Folgt man rechts dem Holzzaun abwärts erreicht man einen noch schöneren Aussichtspunkt. Der Blick auf die Caldera und den Pico Bejenado ist fantastisch.

Wieder zurück zum Parkplatz, dem Ausgangspunkt der Wanderung, geht es etwa einen Kilometer über eine leicht ansteigende Forststraße.

Bild l. Kanarische Kiefer,
Bild r. Nordflanke des Pico Bejenado

Hoyo Verde

Cascada la
Desfondada

Roque Palmero
(2310 m)

Mirador de
la Fondada

Roque de la Viña
(1214 m)

Morro Pino Gachos
(2179 m)

Roque del Huso
(959 m)

Playa de
Taburiente

Petroglyphen

Zona de
Acampada

Somada Alta
(1926 m)

Lomo
de Tagasaste

Bco. de las Traves

Río de Taburiente

Río Almendro

El Reventón

Roque Idafe
(853 m)

Los Brecitos

Bco. de las Calderas

Bco. Chamorro

Río Rivanceras

Cascada
de Colores

Bco. de Gallegos

Dos Aguas

Bco. de las Angustias

TAXI

Pico Bejenado
(1854 m)

Bco. Malular García

Bco. de las Angustias

Los Llanos
de Aridane

VON LOS BRECITOS DURCH DIE CALDERA DE TABURIENTE

TOURENCHARAKTER

Die lange Wanderung belohnt mit spektakulären Ausblicken auf eine der schönsten Landschaften der ganzen Insel. Bereits zu Beginn der Tour finden sich spektakuläre Aussichtspunkte. Später passiert man außergewöhnliche Gesteinsformationen und durchquert Wasserläufe, die ein erstaunliches Farbspiel aufweisen. – Der Barranco wird nach schweren Regenfällen oftmals gesperrt.

VERKÜRZTE VARIANTEN

1. Nur zur Playa de Taburiente
Wer an der Playa umkehrt, kann wieder zu Los Brecitos zurückkehren. Dies sollte allerdings vorab mit dem Taxi Shuttle abgesprochen werden.

2. Start vom Parkplatz Barranco de las Angustias:
Vom Parkplatz besteht die Möglichkeit, durch die Schlucht zu Dos Aguas oder bis zur Cascada de Colores hinaufzuwandern.

Ausgangspunkt:
Die Wanderung beginnt am Mirador de los Brecitos. Dorthin gelangt man mit dem Taxi-Shuttle-Service (etwa 15 Euro p. P.), das vom Parkplatz im Barranco de las Angustias abfährt.

Endpunkt:
Parkplatz im Barranco de las Angustias

Schwierigkeitsgrad: anspruchsvoll

Dauer: ca. 6 – 7 ½ Std Gehzeit ohne Variationen (~ 13 km); einfacher Weg

Höhenunterschiede:
ca. 1.300 m Abstieg, ca. 510 m Aufstieg (ohne Variationen)

1. Mirador de los Brecitos — Playa de Taburiente: ca. 2 – 2,5 Std (~ 5,3 km)

Variation 1a: Zu den Petroglyphen: + ca. ½ Std (~ 0,8 km)

Variation 1b: Playa de Taburiente – Cascada de la Fondada: + 1 ½ Std (~ 1,5 km); mit Exkurs zu Hoyo Verde: + ca. 2 ½ Std (~ 2,7 km)

2. Zona de Acampada — Barranco de las Angustias: 4 – 5 Std (~ 8 km)

Variation 2: bei Dos Aguas Abstecher zur Cascada de Colores: + ¾ Std

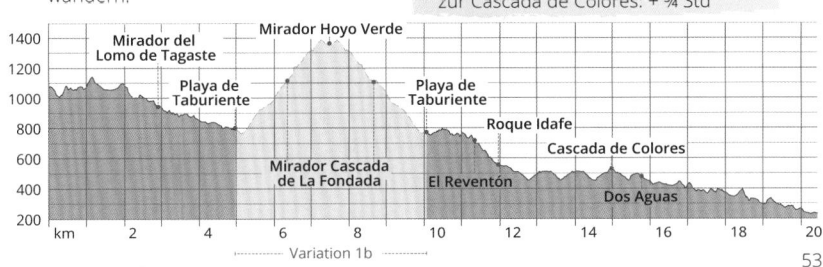

Variation 1b

53

Trittsicherheit und gute Kondition sind notwendig. Keine Einkehrmöglichkeiten am Weg, Sonnenschutz ist wichtig.

ROUTE

Vom Mirador de los Brecitos führen gelb-weiße Markierungen zur Zona Acampada, dem Campingplatz. Der Weg ist gut ausgeschildert. Zu Beginn wandert man durch einen lichten Kiefernwald und durchquert dabei, stetig auf- und absteigend, verschiedene Schluchten. Auch kleine Wasserläufe werden passiert und einige Brücken aus Holz überquert. Unterwegs stößt man immer wieder auf schöne Aussichtspunkte wie etwa den Mirador del Lomo de Tagasaste, mit einem herrlichen Blick auf den Roque Idafe, der in seiner Form an einen hochragenden Finger erinnert. Auch den im Hintergrund befindlichen Pico Bejenado kann man von hieraus sehen. Bald darauf erreicht man die Quelle Fuente de la Mula, anschließend den Barranco del Risco Liso. Dieser ist nur bei Regen Wasser führend, doch verläuft hier das ganze Jahr über ein unterirdischer Strom.

→ Zur Petroglyphen-Fundstätte

Dieser Umweg empfiehlt sich bei guter Kondition und einem frühzeitigen Beginn der Wanderung.
Ca. 50 Meter nach dem Barranco del Risco Liso erreicht man eine Abzweigung.

Bild l. Roque Huso

Diese führt an alten Steinmauerresten sowie Kanarischen Kiefern vorbei zu einer Petroglyphen-Fundstätte. Hier gibt es zwei umzäunte, gelbe Felsen, die mit Felsritzzeichnungen und tiefen Kanälen und Rillen versehen sind.

Wieder zurück auf der Hauptroute passiert man den Barranco de Bombas de Agua. Nach ihm führt der Weg in einer weiten Linkskurve unter der Casas de Taburiente hin zur Playa de Taburiente. Hier bietet es sich an, eine erste Rast einzulegen. Der Gebirgsbach lädt ein, sich kurz zu erfrischen. Zudem hat man hier eine grandiose Aussicht auf die Steilwände der Caldera sowie den etwas weiter im Norden gelegenen Roque Huso.

→ Aufstieg zum Mirador de la Fondada

Dieser steile Aufstieg sollte nur bei guter Kondition in Angriff genommen werden! Bevor die Playa de Taburiente erreicht wird, gabelt sich der Weg. Linker Hand beginnt ein kurzer, allerdings auch sehr steiler Aufstieg hinauf zum Wasserfall Cascada de la Fondada. Man stößt auf eine weitere Weggablung. Hier folgt man links dem Schild Richtung Hoyo Verde. In engen Kurven führt der Weg nun entlang des Hangs des Roque Huso. Auf diesem Teil des Weges können die umliegenden Berggipfel der Caldera de Taburiente besonders gut bestaunt werden. Immer weiter hinauf geht es am Roque de la Viña vorbei. Auf dem letzten Stück verläuft die Strecke neben einem ausgetrockne-

Bild r. Cascada de la Fondada

ten, von Kiefernwald umgebenen Bachlauf. Mit dem Mirador de Cascada de la Fondada ist das Etappenziel erreicht. Diesem gegenüber stürzt der schmale Wasserfall Cascada de la Fondada senkrecht an einer Felswand rund 100 Meter in die Tiefe.

→ Aufstieg zu den Quellen von Hoyo Verde

Wem der Aufstieg bisher nicht gereicht hat und über eine sehr gute Kondition verfügt, kann vom Mirador de la Fondada weiter zu Hoyo Verde wandern.
Nach einem leichten Anstieg lädt der untere Teil des Kiefernwaldes von Siete Fuente (»Sieben Quellen«) zu einem ersten Halt ein. Hier bietet ein natürlicher Aussichtspunkt wundervolle Ausblicke auf die umliegenden Berggipfel und die steilen Felswände. Der Pfad führt in Schlangenlinien weiter bergan zum Aussichtspunkt von Hoyo Verde. Auf der linken Seite öffnet sich die tiefe Schlucht des Barranco de Hoyo Verde.

Hinweis: Der Weg hinauf zum Hoyo Verde ist infolge des erhöhten Steinschlagrisikos mitunter gesperrt.

Entscheidet man sich gegen den Abstecher zur Cascada de la Fondada und zum Hoyo Verde, erreicht man auf dem ursprünglichen Weg durch das Flussbett des Rio Taburiente die Zona Acampada, den einzigen Zeltplatz in der Caldera. Camper und Wanderer finden hier Toiletten und fließendes Wasser vor. Oberhalb dieses Servicezentrums setzt sich der

Bild l. Die Playa de Taburiente mit Roque Huso

Weg leicht ansteigend fort. Gelb-weiße Markierungen zeigen den Wanderweg zum Barranco de las Angustias an. So gelangt man in das steile Tal des Rio Almendro Amargo. Der Weg führt nun eine längere Strecke mehr oder weniger steil absteigend durch lichten Kiefernwald. Dieser Wegabschnitt wird El Reventón genannt, was übersetzt soviel wie »übermäßige Anstrengung« bedeutet. Im oberen Teil der Passage hat man immer wieder atemberaubende Ausblicke auf den Roque Idafe, den gegenüberliegenden Pico Bejenado sowie hinein in die Tiefen des Barranco Almendro Amargo.

An der nächsten Weggabelung hat man die Wahl zwischen einer leichten und einer schwierigen Alternative. Letztere ist ein schmaler Pfad oberhalb des Rio Almendro Amargo und sollte nur von schwindelfreien Wanderern begangen werden, da sie recht steil ist und teilweise nur auf Händen und Füßen bewältigt werden kann.
Beide Wege führen nach kurzer Zeit zum Grund des Barranco Almendro Amargo.

→ Zur Cascada de Colores

Dort, wo Rio Almendro Amargo und Rio Rivanceras zusammenfließen, besteht die Möglichkeit, einen Abstecher zur Cascada de Colores zu machen, dem »Wasserfall der Farben«.
Hierzu folgt man einfach dem Lauf des ockergelb schimmernden Rio Rivanceras. So gelangt man nach etwa 20 Minu-

Bild r. Barranco de las Rivanceras

ten zum Wasserfall. Kurz bevor man den Wasserfall erreicht, verengt sich die Schlucht. Die letzte Etappe führt durch das rutschige Bachbett mitten durchs Wasser.

Setzt man die ursprüngliche Wanderung fort, lässt man nach kurzer Zeit das Gelände des Nationalparks hinter sich und kommt zu Dos Aguas, wo der Rio Taburiente und der Rio Almendro Amargo zusammenfließen. An dieser Stelle muss man den Fluss überqueren und das geht – je nach Wasserstand – nur, indem man durch das Wasser watet. Weiter geht es dann auf der rechten Uferseite. Im weiteren Verlauf kommt es zu einem stetigen Wechsel zwischen Wanderpassagen durch das Bachbett und Umgehungen über das Steilufer. Immer wieder muss auch die Bachseite gewechselt werden. Dank der Trittsteine im Fluss bleiben die Füße dabei normalerweise trocken.

Gelb-weiße Markierungen und kleine Steinmännchen zeigen an, wo Streckenpartien oberhalb der Schlucht verlaufen. Am Ende des Barranco de las Angustias findet auch die Wanderung am dortigen Parkplatz, dem Ausgangspunkt der Route, ihren Abschluss.

Bild l. Barranco de las Angustias
Bild r. Zusammenfluss des Almendro Amargo und des Rivanceras, Roque Idafe im Hintergrund

CUMBRE DE LOS ANDENES

Der Höhenzug Cumbre de los Andenes bildet die nördliche Grenze von La Palmas Nationalpark Caldera de Taburiente, dem gewaltigen Kessel im Zentrum der Insel.

»Cumbre« bedeutet zu Deutsch »Gipfel« oder »Höhenzug«

Die Cumbre de los Andenes erreicht eine durchschnittliche Höhe von 2.200 Metern. Hier befindet sich mit dem Roque de los Muchachos (2.426 Meter) auch der höchste Berg der Insel. Weitere bedeutende Berge der Cumbre sind der Pico de la Cruz, der Pico de la Nieve, der Roque Palmero und die Piedra Llana.

Die Gipfelkette hat eine ø Höhe von 2.200 m

Der Höhenzug geht im Süden zunächst in die Cumbre Nueva, dann in die Cumbre Vieja über.

In geologischer Hinsicht handelt es sich bei der auch »Kamm der Zugänge« genannten Gipfelkette um den Überrest eines alten Schichtvulkans, der früher auf dem »Basaltkomplex« der Caldera mehr als 3.000 Meter in die Höhe ragte.

Entlang der Cumbre de los Andenes führt die gut ausgebaute Caldera-Höhenstraße. Zu beiden Seiten der Straße eröffnet sich der Blick auf erstarrte Lavaströme aus unterschiedlichen Zeiten. Am Rande der Fahrbahn stürzen atemberaubende Schluchtwände teils senkrecht in die Tiefe.

Teideginster

Die besonderen Wetterverhältnisse machen die Cumbre de los Andenes zur Heimat einer ganz speziellen Pflanzenwelt. Von November bis Februar regnet es viel. Gelegentlich kann es auch schneien. Die übrigen Monate kommt es selten zu Niederschlägen. In den heißen Sommermonaten können die Temperaturen sogar jenseits der 2.000 Meter Marke häufig mehr als 25 °C erreichen. Die Geißkleebüsche, die weite Teile der Kammlagen bedecken, erstrahlen im Sommer als gelbes Blütenmeer. Die verschiedenen Arten des Natternkopfs sorgen für ein farbenfrohes Spektakel. Von Mai bis Juni verbreiten die weißen Blüten des Teideginsters einen kräftigen Duft.

Wanderungen
▶ ab S. 76

Die Cumbre de los Andenes ist eine ideale Region für Wanderer. Verschiedene Wanderrouten mit unterschiedlichem Schwierigkeitsgrad, bieten grandiose Ausblicke auf die Caldera de Taburiente sowie weite Teile der übrigen Insel.

Auch der Teidelack ist in den Höhenlagen anzutreffen

Die Aussicht vom Roque de los Muchachos ist besonders spektakulär. Von hier erstreckt sich der Blick über den ganzen Nationalpark mit seinen beeindruckenden Schluchten, außergewöhnlichen Gesteinsformationen und Wasserläufen. Darüber hinaus ist der Roque de los Muchachos Ausgangspunkt für mehrere empfehlenswerte Wanderungen, die für Anfänger und erfahrene Wanderer geeignet sind.

Bild o. Blick auf das Wolkenmeer, Bild r. rotes Lavagestein

CALDERA HÖHENWANDERWEG

Ein Bergkamm umringt nahezu den kompletten Kessel der Caldera de Taburiente. Lediglich im Süden gibt es zwei tiefe Einschnitte, die den bevorzugten Zugang zum Nationalpark bilden: den Barranco des las Angustias und die Cumbrecita.

Vom Besucherzentrum der Caldera aus besteht die Möglichkeit, über den ganzen Kamm bis zum Mirador del Time zu wandern. Allerdings würde eine solche Wanderung mehr als 15 Stunden in Anspruch nehmen. Eine Unterteilung in mehrere Etappen ist sinnvoll und an dieser Stelle empfohlen.

La Palma Teline

Daneben bieten sich auf dem zwischen 1.390 und 2.430 Metern hohen Kamm der Caldera verschiedene Tagestouren unterschiedlicher Schwierigkeitsgrade an. Zu den Routen zählen beispielsweise der Weg vom Roque de los Muchachos zum Torre del Time, vom Pico de la Nieve zum Roque de los Muchachos sowie vom Pico de la Nieve zur Ermita de la Virgen del Pino.

Wanderungen
▶ *ab S. 76*

Besonders hervorzuheben ist die Strecke vom Pico de la Nieve zum Roque de los Muchachos. Für den einfachen Weg sollte man etwa vier bis fünf Stunden einplanen. Bereits der Ausgangspunkt, der 2.239 Meter hohe Pico de la Nieve, bietet einen wunderschönen Ausblick über die Weiten der Caldera de Taburiente. Der Ausblick am Zielpunkt der Wanderung, dem 2.426 Meter hohen Roque de los Muchachos, ist jedoch noch eindrucksvoller. Über einen gewundenen Weg steigt man ständig auf und ab, vorbei an buntem Vulkangestein und Felskuppen, die entfernt an eine Marslandschaft erinnern. Auf dem Weg passiert man auch eine enorme Felswand aus Basaltgestein, die Pared de Roberto, um die sich viele Sagen ranken.

La Pared de Roberto

Bild l. die steil abfallenden Wände der Caldera, Bild o. Gipfelkreuz des Pico de la Nieve

Auch diese Tageswanderungen lassen sich in kürzere Strecken unterteilen. Jede der Touren bietet grandiose Aussichten auf die Caldera de Taburiente und auf weite Teile der ganzen Insel. Steile Schluchten, außergewöhnliche, von unterschiedlich alten Lavaströmen geschaffene Felsformationen, sowie die Pflanzenwelt – unter anderem die Kanarische Zeder und Teppiche von Geißklee – ermöglichen ein einzigartiges Wandererlebnis.

Auf dem Kamm kann es im Winter recht kalt werden. Minusgrade und mit Schnee und Eis bedeckte Gipfel sind nicht auszuschließen. Sollten die Witterungsverhältnisse Wanderungen zulassen, ist wärmende Bekleidung unverzichtbar. Auch im Sommer kann es in der Höhe spürbar kühler sein. Eine zusätzliche Jacke sollte zumindest mitgenommen werden. Aktuelle Informationen über die jeweiligen Zustände der Wanderwege gibt das Besucherzentrum des Nationalparks.

Auf den Gipfeln wirkt eine sehr intensive Sonneneinstrahlung, weshalb ein guter Sonnenschutz erforderlich ist. Ganzjährig sollte zudem festes Schuhwerk eine Selbstverständlichkeit sein. Das gleiche gilt für einen ausreichenden Wasser- und Proviantvorrat, da es auf dem Weg keine Einkehrmöglichkeiten gibt.

Zeder

Bilder l. und o. Ausblicke vom Höhenwanderweg, Bild r. Blick in die Caldera zur Playa de Taburiente entlang einer Basaltwand

ROQUE DE LOS MUCHACHOS

Der Roque de los Muchachos ist nicht irgendein Berg. Mit 2.426 Metern handelt es sich bei ihm vielmehr um die höchste Erhebung der ganzen Insel. Entsprechend bietet er einen faszinierenden Ausblick in den Kessel der Caldera de Taburiente. An klaren Tagen kann man von seinem Gipfel aus sogar bis auf die Nachbarinseln El Hierro, La Gomera und Teneriffa schauen. Seinen Namen (»Fels der jungen Männer«) verdankt der Berg seinen bizarren Felsformationen.

Der Gipfel des Roque de los Muchachos erhebt sich über die Wolken. Deshalb hat man meist eine klare Sicht und ideale Bedingungen zur Beobachtung von Sonne und Sternen. Aus diesem Grund wurde am Berg, oberhalb der Passatwolken, das Observatorio Astrofisico – eines der bedeutendsten astronomischen Zentren der Welt – eingerichtet.

Wände der Caldera

Der höchste Berg der Insel 2.426 m

Man kann den Berg bequem von Santa Cruz oder Garafia aus mit dem Auto erreichen. Bereits die Fahrt zum Berg ist ein einziges Abenteuer. In kürzester Zeit gelangt man von der Höhe des Meeresspiegels auf weit über 2.000 Meter. Auf dem Weg passiert man dabei unterschiedliche Klimazonen. Die Fahrt beginnt im subtropischen Meeresklima, doch schon kurz darauf befindet man sich mitten im Hochgebirgsklima. Trotz warmer Temperaturen am Meer sollte man deshalb an warme Kleidung denken.

Der Gipfel des Roque de los Muchachos ist Ausgangspunkt verschiedener Wanderwege, die unterschiedliche Schwierigkeitsgrade abdecken. Auf jedem von ihnen erfreuen spektakuläre Ausblicke Herz und Auge. Entlang der Wege befinden sich oft Codeso-Büsche und auffällige Lavaformationen.

Bild l. Blick vom Roque de los Muchachos, Bild o. Roque de los Muchachos

ESPIGÓN DEL ROQUE

Der 2.385 Meter hohe Espigón del Roque ist ein Felskopf mit kleinem, ebenen Plateau, der als eine Art Nebengipfel dem Roque de los Muchachos vorgelagert ist.

Vor dem Genuss der spektakulären Aussicht steht eine kurze Wanderung auf einem schmalen Pfad, der sich in Serpentinen auf einem rötlichen Gebirgsrücken mit holprigem Geröll und porösem Gestein dahin schlängelt. Der Felsvorsprung ist nur zu Fuß erreichbar, belohnt aber mit einem Panoramablick über den ganzen Nationalpark. Der Espigón del Roque gehört definitiv zu den schönsten Aussichtspunkten der Insel.

Wildprets
rosablühender
Natternkopf

Zu dem einmaligen Ausblick, der sich hier bietet, gehören neben dem Roque Palmero, dem Roque Chico sowie dem etwas entfernteren Pico Bejenado auch die Quellen, Bäche und Wasserfälle, die steilen Schluchten und bizarren Felsformationen der Caldera.

hungriger Begleiter:
ein Kolkrabe

Bild o. und r. Espigón del Roque über dem Wolkenmeer

2 km

Punta de Juan Adalid
Caleta de la Furna
El Mudo
Punta de la Manga
Caleta de la Mangaa
El Palmar
Juan Adalid
Don Pedro
Prois de Don Pedro
Roque de los Gallos
Punta Gaviota
Piscina la Fajana
El Tablado
El Fajana
Prois de Gallegos
Topaciegas
Las Paredes
Faro de Barlovento
Mirador
Barranco Fagundo
Franceses
Gallegos
La Palmita
BARLOVENTO
Punta Cumplida
Puerto Talavera
Montaña
de las Varas
959
Mirador
La Tosca
La Tosca
Marantes
Pico de
la Tapaquera
781
Laguna de Garafía
969
Montaña La Herrera
1005
Pico de
Barlovento
796
Marantes
626
La Cuesta
Aparición
312
La Verada
El Cardal
La Zarza
y la Zarcita
Llano
Negro
Vaqueros
1154
Casas
Roque Faro
El Balladero
734
Hoya Grande
Los Sauces
LP-104
San Andrés
Hoya
Grande
LP-1
LP-111
LP-107
Las Lomadas
Bermúdez
Montaña Barbuda
1348
Verada de
las Lomadas
Los Tiles
San Juan
Garachico
LP-113
Cumbre de los Andenes
La Galga
Llano Molino
Cubo de la Galga
Las Moradas
2028
Degollada de Franceses
LP-1032
Astrophysikalisches
Observatorium
Roque de
los Muchachos
2426
Mirador de
los Andenes
Pico de la Cruz
2361
Cruz Herrera El Topo
El Toro
PUNTALLAN
Roque Chico
2372
Pico de la Piedra Llana
2321
Zorzagallo
717
Roque Palmero
2310
Parque Nacional
Caldera de
Taburiente
Santa Lucía
Morro Pinos Gachos
2179
Roque de los Zarfes
1075
LP-1032
Somada Alta
1926
Roque Salvaje
1052
Pico de la Nieve
2239
Roque Idafe
803
Pico de la Sabina
2134
Pico de la Sabina
2134
Mirca
Santuario de Nuestra
Señora de las Nieves
LP-101
Miranda
Mirador de
la Cumbrecita
La Cumbrecita
1287
Pico Corralejo
2044
Topo Catalino
1185
Las Nieves
Dehesa
El Morro
La Palmita
Hoya Grande
1387
Pico Bejenado
1857
Pico Ovejas
1854
Velhoco
La Cuesta
LP-123
Montaña de Hidra
1049
LP-202
SANTA CRUZ DE LA PALMA
Ermita de la
Virgen del Pino
Reventón
1435
Botazo
San Pedro
Breña Alta
El Fuerte
LP-2

CALDERA HÖHENSTRASSE

Mit unzähligen Kurven mäandriert die 40 Kilometer lange Caldera Höhenstraße fast diagonal über die Nordhälfte der Insel. Die vorgestellte Tour beginnt an der Ostküste, in Santa Cruz de la Palma. Die Strecke kann aber auch von Norden mit Beginn in Hoya Grande in Angriff genommen werden. Die Route dieser Auto-Tour führt an mehreren Aussichtspunkten vorbei, die teilweise direkt oder nach kurzen Gehstrecken von der Straße aus erreichbar sind.

Nach dem Start in Santa Cruz de La Palma führt die Route durch mehrere kleine Gemeinden wie Las Nieves und verläuft dann entlang des Caldera-Randes. Ein paar Kilometer südlich von Santo Domingo de Garafía mündet sie schließlich in die LP-1, die Straße, die ganz La Palma umrundet.

Nach den nördlich von Santa Cruz gelegenen Ortschaften fährt man durch einen dichten Lorbeerwald. Folgt man der Straße, kommt man dabei auch an einen der drei Orte, an denen der seltene Lotus Pyranthus wächst, ein La Palma Endemit mit leuchtenden gelb-orangefarbenene Blüten. Aus Gründen des Artenschutzes ist er eingezäunt.

Lotus Pyranthus

Auf ihrem weiteren Verlauf durchbricht die Höhenstraße die Wolkendecke und führt am Rande der Caldera entlang. In diesen Höhenlagen ist es die meiste Zeit trocken und sonnig. Die Baumgrenze beginnt kurz hinter der Abfahrt zur Pista Pico de la Nieve.

Die Caldera kann auf dem hier verlaufenden Andenes Höhenwanderweg fast vollständig umrundet werden. Es bieten sich großartige Ausblicke in die Caldera und weiter auf die Ostküste. Man kann hier auf die Wolken und ihre bizarren Formen hinabschauen. Auf diesem Teil der Strecke passiert man außerdem verschiedene Aussichtspunkte, die besonders grandiose Landschaftseindrücke bieten. Am besten stellt man sein Auto an der Höhenstraße ab und geht einfach ein paar Meter zu Fuß zum Mirador de los Andenes oder zur Degollada de Franceses.

Ein weiterer lohnenswerter Abstecher ist das astrophysikalische Observatorium und der Roque de los Muchachos (2.426 Meter), der höchste Berg der Insel. Zu beiden gelangt man auf einem Weg, der am nordwestlichen Rand der Caldera links von der Höhenstraße abzweigt. Vom Roque de los Muchachos hat man einen fulminanten Blick auf die anderen Berggipfel, die sich darunter erstreckenden, tiefen Schluchten, die bizarren Gesteinsformationen und die Nachbarinseln La Gomera, El Hierro und Teneriffa. Darüber hinaus ist der Berggipfel Ausgangspunkt für Wanderungen unterschiedlicher Länge und unterschiedlicher Schwierigkeitsgrade entlang des Caldera-Randes.

Observatorium

Wer die Höhenstraße weiter geradeaus fährt, erreicht nach wenigen Kilometern die LP-1. Von hier aus geht die Fahrt Richtung Norden (rechts abbiegen) weiter nach Barlovento, biegt man nach links in westliche Richtung ab erreicht man bald Puntagorda.

Bilder: Ausblicke entlang der Höhenstraße

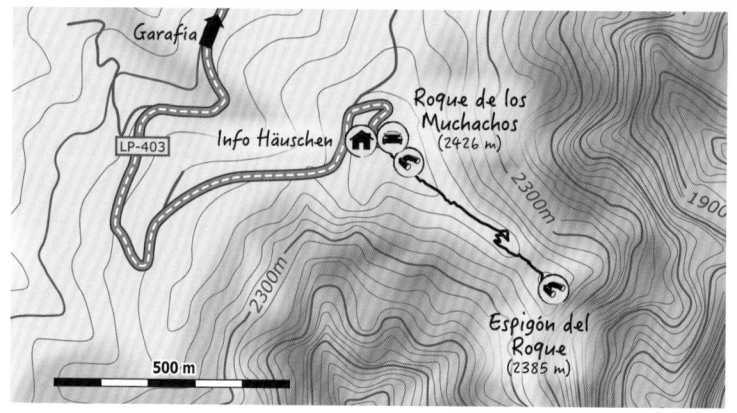

ROQUE DE LOS MUCHACHOS —
ESPIGÓN DEL ROQUE

TOURENCHARAKTER

Die Wanderung vom Roque de los Muchachos zum Espigón del Roque fällt in die Kategorie »Einfach« und ist damit auch für Wanderer mit weniger Kondition gut geeignet. Vorteilhaft ist jedoch Schwindelfreiheit. Im Verlauf der Wanderung passiert man einige Felsvorsprünge, die steil abfallen.

Die Wanderung sollte wegen der besonderen Lichtverhältnisse und der Effekte der Schatten entweder bei Tagesanbruch oder in der Abenddämmerung unternommen werden. Durch Passatwolken – meist in der Mittagszeit – und aufsteigende Nebelschwaden verändert sich die Szenerie binnen kürzester Zeit vollkommen.

Ausgangs- und Endpunkt: Parkplatz des Roque de los Muchachos

Schwierigkeitsgrad: leicht

Dauer: etwa 1 Std Gehzeit (ca. 1,2 km); Hin- und Rückweg

Höhenunterschiede: ~ 60 m Abstieg, ~ 10 m Aufstieg

HINWEIS

Keine Einkehrmöglichkeiten; genügend Wasser mitnehmen, nur für schwindelfreie Wanderer geeignet; Kälte- und Sonnenschutz notwendig.

Ausgangspunkt der Wanderung ist der Parkplatz am Roque de los Muchachos.

Neben dem Informationshäuschen beginnt ein kleiner Weg, der zu Beginn leicht ansteigt. Der Weg führt auf einem rötlichen Gebirgsrücken aus porösem Gestein an verschiedenen natürlichen Aussichtspunkten vorbei. Diese bieten eine Reihe schöner Rundblicke auf die umliegende Schluchten- und Gebirgslandschaft. Weiter geht es an einem eingezäunten Gelände vorbei, auf diesem kann man seltene und gefährdete Arten der heimischen Pflanzenwelt sehen, die hier zur Wiederansiedlung gezüchtet werden.

Nach knapp zehn Minuten erreicht man eine erste kleine Felskuppe. Diese bietet einen eindrucksvollen Ausblick auf den im Vordergrund liegenden Roque Chico, den links liegenden Barranco de los Cantos, den rechts liegenden Barranco de Hoyo Verde und die niedrigeren Bergspitzen Los Agujeritos.

Von hier führt der Weg leicht nach rechts und kurz abwärts, ehe das Plateau des Espigón erreicht wird. Der Blick reicht von hier aus bei gutem Wetter bis zu den Nachbarinseln.

Der Rückweg entspricht dem Hinweg. Da es nun bergauf geht, müssen für die Wegstrecke etwa zehn Minuten zusätzlich veranschlagt werden.

Weg zum Espigón del Roque

Bild o. Gesteinsformation
Bild u. Ausblick aufs Observatorium

RUNDWANDERWEG PICO DE LA NIEVE — ERITA DE LOS GUANCHES

TOURENCHARAKTER

Die Wanderung führt am östlichen Kamm der Caldera Taburiente entlang. Sie ist Teil des langen Abstiegs vom Pico de la Nieve zur Ermita Virgen de los Pinos. Auf schmalen, teils steilen Pfaden gelangt man durch ungewöhnliche Gesteinsformationen zu den Petroglyphen des Tagoror Erita de los Guanches, einem prähistorischen Versammlungsplatz der Ureinwohner La Palmas.

HINWEIS

Wasservorrat und Proviant selbst mitbringen, es gibt keine Einkehrmöglichkeiten. Sonnenschutz ist wegen der intensiven Sonneneinstrahlung in den Höhenlagen unerlässlich.

Bild r. Degollada del Barranco de la Madera

Ausgangs- und Endpunkt:
Parkplatz am Ende der Pista del Pico de la Nieve (max. 4 Pkw); wer die Pista del Pico de la Nieve nicht befahren will, kann alternativ sein Auto auch schon an der Landstraße abstellen und von dort dann den Aufstieg über die Piste nehmen oder den unmittelbar an der Straße abzweigenden Wanderweg (PR LP-3, gelb-weiße Markierung). Die Anfahrt erfolgt über die LP-4 von Santa Cruz kommend bei Kilometer 22.

Schwierigkeitsgrad: leicht bis mittel

Dauer: 2 Std Gehzeit, (ca. 5,5 km) Hin- und Rückweg

Höhenunterschied: ca. 300 m Auf- und Abstieg

Basaltwand am Rande des Wegs

Die Wanderung beginnt mit einem schmalen Pfad. Dieser schlängelt sich zunächst durch Kiefernwald bergan bis auf die Kammhöhe. Von hier aus geht es auf dem Caldera-Höhenweg (GR 131, rot-weiße Markierung) rechts zum Pico de la Nieve. Auf dem Berg hat man einen unglaublichen Blick auf die schroffen Steilwände der Caldera.

Vom Pico de la Nieve geht es zurück zum Höhenkamm. Auf diesem wandert man abwärts in Richtung Refugio del Pilar. Auf dem Weg passiert man die Senke Degollada del Barranco de la Madera. Besonders auffallend sind die rot-gelben Gesteinsformationen an den Abbruchkanten der Caldera. Jetzt führt der Weg wieder nach oben. Man geht links an einer imposanten Basaltwand vorbei. Bald darauf kommt eine Weg-gabelung. Hier folgt man dem Schild »Petroglifo Tagororo«. Die Petroglyphen-Fundstätten werden durch Zäune geschützt.

Bild o. und u. Petroglyphen-Fundstätte

Bevor der Rückweg beginnt, wandert man noch ein kurzes Stück weiter zum Pico de la Sabina. Hier trifft man auf einen Parallelweg. Über diesen geht es nun zurück bis zur Degollada del Barranco de la Madera. Man folgt dem rechten Pfad und spart sich somit die erneute Besteigung des Pico de la Nieve. Nach einigen Minuten erreicht man wieder den altbekannten Weg und folgt diesem zum Parkplatz an der Pista Pico del Nieve.

Bild r. Rückweg unterhalb des Pico de la Nieve

DER NATURPARK »CUMBRE VIEJA«

Anders als es ihr Name (»alter Höhenrücken«) nahelegt, ist die im Süden der Insel gelegene Cumbre Vieja geologisch betrachtet der jüngste Teil La Palmas und die Fortsetzung der älteren Cumbre Nueva (»neuer Höhenrücken«).

Durch die Cumbre Vieja wird La Palma in zwei verschiedene klimatische Regionen geteilt. Die Westhälfte der Insel ist trocken und sonnig, die Ostseite feucht und regenreich. Das liegt daran, dass der Gebirgskamm als Wetterscheide fungiert. Die durch den von Nordosten wehenden Passat herbeigetragenen Wolken bleiben regelmäßig an der Bergkette hängen. Der Höhenzug ist deshalb oft von Wolken umgeben.

Wetterscheide über der Cumbre Nueva

Die wilde eindrucksvolle Natur mit Schlackenkegeln, Lavafeldern und Kiefernwäldern ist besonders schützenswert und deshalb ein Naturpark.

Von den Gipfeln bieten sich dem Wanderer wunderschöne Aussichten auf das Umland bis hin zu den Nachbarinseln La Gomera, El Hierro und Teneriffa.

Auch eine der schönsten Wanderungen der ganzen Insel findet man hier: die »Ruta de los Volcanes«. Sie führt über den ganzen Gebirgskamm bis zur Südspitze La Palmas.

Wanderung
▶ S. 94

Die Region gilt auch heute noch als vulkanisch aktiv. Der letzte Ausbruch fand 1971 an der Südspitze La Palmas statt. Damals ergossen sich die Lavamassen des Vulkans Teneguía direkt ins Meer und schufen auf diese Weise neues Land.

Bild l. Cumbre Vieja, Blick auf die Caldera; Bild o. Wolkenfall über der Cumbre Nueva

DIE SAN JUAN-ERUPTION

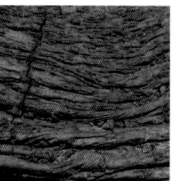

fladenförmige Fließlava

Ein Zeugnis der jüngeren vulkanischen Aktivitäten auf La Palma sind die Regionen der San Juan-Eruption. Nachdem der Vulkanismus auf La Palma für über 200 Jahre eingeschlafen war, begann am Johannistag, dem 24. Juni 1949 – deswegen auch San Juan-Eruption – eine mehrere Wochen andauernde Phase von mehr oder weniger zeitgleichen Aktivitäten an drei unterschiedlichen Ausbruchsstellen. Erst am 4. August 1949 endeten auch die letzten vulkanischen Aktivitäten. Immer wieder begleiteten starke Beben die Ausbrüche.

Die erste Eruption ließ einen neuen Krater, den Duraznero, entstehen. Zunächst wurde festes Material (Pyroklasten) wie Asche, Lapilli oder vulkanische Bomben ausgestoßen. Ein erstes Mal endete die Duraznero-Eruption am 6. Juli mit einer phreatomagmatischen Explosion (vulkanische Explosion aus dem direkten Kontakt von Lava mit Wasser). Der Spalt öffnete sich am 30. Juli erneut und ein Lavastrom ergoss sich Richtung Osten bis kurz vor die Küste.

Flechten, frühe Siedler auf der jungen Lava

Im weiteren Verlauf öffnete sich am 6. Juli eine Spalte an der Westflanke der Cumbre Vieja bei Llano del Banco. Hier traten große Mengen Lava aus und flossen Richtung Westen ins Meer. Der Lavafluss endete erst 20 Tage später. Bis dahin war bereits eine Lavaplattform im Meer entstanden, worauf sich heute La Bombilla mit seinem Leuchtturm und einer Bananenplantage befindet. Der Spaltenvulkan Hoyo del Banco ist heute besser als Volcán de San Juan bekannt.

Die Entstehung der dritten Eruptionsstelle, des Explosionskraters des Hoyo Negro, am 12. Juli begleiteten zwei starke Erdbeben vom 11. bis 13. Juli. Dieser Ausbruch im Norden des Durazneros wurde mit starken phreatomagmatischen Explosionen eingeleitet. Dabei wurde ein riesiger Schlot in die alten Vulkankegel gesprengt. Da überwiegend Gas emittierte und wenige, besonders dunkle Aschen und Lapilli, bekam er den Namen Hoyo Negro (»schwarzes Loch«). Vom 21. bis 24. Juli wurden erneut zwei heftige Erdstöße verzeichnet.

Bild r. Spaltenvulkan »Volcán de San Juan«

CRATÉR HOYO NEGRO
UND PICO NAMBROQUE

Der Pico Nambroque ist mit 1.925 Meter der zweithöchste Berg der Cumbre Vieja und liegt in deren Zentrum. Im Verlauf der schweren Erdbeben zwischen dem 11. und 13. Juli 1949 bildete sich am 12. Juli auf der Westseite des Pico Nambroque, 700 Meter im Norden des Duraznero, der Explosionskrater Hoyo Negro, das »schwarze Loch«. Die vulkanische Aktivität hier nahm ihren Anfang mit massiven Explosionen, durch die ein gewaltiger Schlot in den alten Vulkankegel gesprengt wurde. Bis zum 30. Juli 1949 wurden in erster Linie Gas und nur wenig der sehr dunklen Aschen und Lapilli ausgestoßen. Lava floss hier nie.

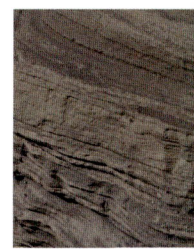

Erdschichtungen am Hoyo Negro

Der Cratér Hoyo Negro ist außergewöhnlich, denn die tiefen Schlote des Kraters an deren Grund sich Wasser angesammelt hat, scheinen bis tief in das Herz des Berges zu reichen und bilden ein großes, schwarzes Loch (»Hoyo Negro«). Bis heute ist nicht klar, wie tief das Loch genau ist. Allerdings dauert es ca. 20 Sekunden, bis ein hinabgeworfener Stein den Boden erreicht.

Der bei Wanderern sehr beliebte Krater ist auf mehreren Routen erreichbar. Die zwei wichtigsten führen von beiden Seiten der »Ruta de los Volcanes« zu ihm hinauf.

Wanderung
▶ S. 94

Der Pico Nambroque liegt nicht direkt auf der Route. Hinter einem Pinienwald in östlicher Richtung ist er jedoch über einen kleinen Abstecher gut erreichbar.

Bild l. Cratér Hoyo Negro, Bild o. Pico Nambroque

CRATÉR DURAZNERO UND EL FRAILE

Der Lavasee

Am 24. Juni 1949 öffnet sich auf der Montaña del Fraile der Cratér del Duraznero. Zunächst spuckt er in ca. 1.800 Metern Höhe Gesteinsfragmente, dann Lava – so beginnt die San Juan-Eruption. Nach einer Pause vom 6. Juli bis 30. Juli geht es weiter. In den folgenden Tagen bildet sich am Fuß des Kraters ein Lavasee, der überläuft. Ein schmaler Lavastrom fließt den Osthang hinunter und kommt kurz vor dem Meer zum Stehen. Erst am 4. August 1949 erlischt die Aktivität des Kraters endgültig – das Ende der San Juan-Eruption nach ungefähr sechs Wochen.

Vulkanschlote am Lavasee

Die Montaña del Fraile ist einer der höchsten Berge der Cumbre Vieja. Ihr Krater erreicht eine Tiefe von 100 Metern. Gute Nasen können die Reste der Schwefelablagerungen am Krater trotz der guten Belüftung durch die steten Winde wahrnehmen. Der im Norden des Berges gelegene erstarrte Lavasee (»Lavas la Malforada«) zeigt sich von Weitem als eine pechschwarze Fläche, die sich bei näherem Blick durchzogen von scharfkantigen Zerklüftungen erweist und abseits des bestehenden Pfads nicht betreten werden sollte. Über dem Lavasee erhebt sich der Aschekegel des Montaña del Fraile.

Bild o. Lavasee Lavas la Malforada, Bild r. Montaña del Fraile mit Krater Duraznero

VOLCANES LA DESEADA I UND II

Der Deseada ist mit seinen beiden Gipfeln der höchste Berg der Cumbre Vieja. Der weiter im Osten gelegene Deseada I ist mit 1.949 Metern der höchste Gipfel des Bergrückens und liegt ungefähr auf der Mitte der »Ruta de los Volcanes«. Der Zwillingsgipfel Deseada II liegt mit 1.937 Metern nur knapp darunter.

Deseada

Ihre Höhe und ihre Lage machen beide Gipfel zu idealen Aussichtspunkten. Allerdings kann man von ihnen aus besser auf die Caldera de Taburiente sowie auf Teneriffa, La Gomera und El Hierro schauen als auf die Cumbre Vieja. Wissenschaftler gehen davon aus, dass der Deseda irgendwann zwischen 5.000 und 6.000 v. Chr. ausgebrochen ist. Heute trennt ein 100 Meter tiefer Krater die beiden Spitzen voneinander.

La Deseada:
Der höchste
Berg der
Cumbre Vieja.

Auf Deseada I und II, wie auch auf fast allen anderen 120 Vulkanen der Cumbre Vieja, befindet sich ein geodätischer Pfeiler. Diese Maßnahme ist wohlbegründet, gilt die Region doch als die unberechenbarste vulkanische Region des ganzen Kanarischen Archipels.

VOLCÁN MARTIN

Der auch Tigalate genannte Volcán Martin (1.563 Meter) ist – von Süden aus kommend – der erste richtige Gipfel der »Ruta de los Volcanes«.

Das erste Mal brach der Vulkan am 26. Oktober 1646 aus. Zunächst spuckte er nur Dampf, dann auch große Asche- und Gesteinsmengen und mit ihnen drangen vier Lavaflüsse hervor. Die Lavaströme flossen den Osthang hinab und gelangten zwischen Mazo und Fuencaliente zum Meer. Am Ufer von Fuencaliente kam es ebenfalls zu zwei Öffnungen. Auf diese Weise entstand der Monte de la Luna. Erst am 18. Dezember 1646 kam der Tigalate wieder zur Ruhe.

Die zwei Gipfel des Volcán Martin bilden heute Aussichtspunkte, von denen aus man den Blick über die Vulkane der Cumbre Vieja schweifen lassen kann. Besonders schön anzusehen sind die rötlichen Lapilli am Kraterrand. Die tieferen Hänge des Vulkans bedeckt das für die Kanarischen Inseln charakteristische feine, schwarze Lavageröll. Hier wie in den Kesseln wachsen Kanarische Kiefern.

Kiefern am Volcán Martin

Im Vulkankrater entspringt zudem eine Quelle, die Fuente del Fuego. Allerdings sollte man nicht zu große Erwartungen haben, denn meist sickert sie nur leicht. Lediglich nach sehr starken Regenfällen bildet sich ein kleines Wasserbecken.

Ein Schauspiel — verdampfende Wolken unterhalb des Volcán Martin

Bild o. Wolkengrenze beim Volcán Martin, Bild r. Krater des Volcán Martin

DIE »RUTA DE LOS VOLCANES«

TOURENCHARAKTER

Bei der Ruta de los Volcanes handelt es sich um einen langen Höhenweg, der über den Kamm der Cumbre Vieja führt. Die Route bietet eine Reihe faszinierender Ausblicke auf den Südteil der Insel sowie auf El Hierro, La Gomera und Teneriffa. Die Wanderung gilt als eine der schönsten La Palmas. Allerdings kann Nebel die Wanderer nicht nur um die schöne Aussicht berauben, sondern auch um die Orientierung. Aus diesem Grund sollte die Wanderung nur bei schönem Wetter unternommen werden. Auf der Strecke sind 1.408 Meter Ab- und 665 Meter Aufstieg zu bewältigen. Eine gute Kondition sowie Trittsicherheit sind deshalb notwendig. Für die Aussicht, die sich auf der Wanderung bietet, lohnt sich die Mühe aber in jedem Fall.

Ausgangspunkt: Rastplatz El Pilar (erreichbar von der Verbindungsstraße von Santa Cruz de La Palma nach Los Llanos; nach dem westlichen Tunnelausgang muss man die Regionalstraße nehmen)

Endpunkt: Fuencaliente de La Palma / Los Canarios. Am Taxistand in der Ctra General de Tablado beginnt der (entspannte) Rückweg zum Startpunkt.

Schwierigkeitsgrad: anspruchsvoll

Dauer: 6 – 7 Std Gehzeit (ca.18 km)

Höhenunterschiede: ~ 665 m Aufstieg, ~ 1.408 m Abstieg

Refugio El Pilar

Pico Birigoyo
(1807 m)

Montaña La Barquita
(1809 m)

Montaña Los Charcos
(1815 m)

Pico Nambroque
(1922 m)

Cráter
del Hoyo Negro

Lavas la Malforada

Cráter del Duraznero
(1949 m)

Deseada I (1949 m)

Deseada II (1937 m)

Volcán Cabrito
(1864 m)

Hoya de la Manteca

Volcán Martin
(1486 m)

Montaña Pelladamilla
(1441 m)

Montaña la Semilla
(1248 m)

Montaña del Pino
(1039 m)

Los Canarios

Bild r. der Duraznero mit Deseada im Hintergrund

Vom Südrand des Rastplatzes Refugio El Pilar aus, vorbei an einer Schutzhütte, geht es auf dem Wanderweg GR 131 durch Kiefernwald bergauf. Rot-weiße Markierungen sowie Schilder zeigen den Weg an.

Durch den schattigen Pinienwald führt der Weg in großem Bogen um den Pico Birigoyo herum. Danach sieht man zum ersten Mal über das Aridanetal auf die Höhenzüge der Caldera de Taburiente. Im Laufe der Zeit wird der Wald lichter und der Weg führt zunehmend durch offenes Gelände, über Vulkangestein und Lapilli.

Ziel der nächsten Etappe ist der Cráter de Hoyo Negro. Über eine Hochebene gelangt man zum Krater. Während man ihn umrundet, wandert man durch einen kleinen Wald. Hier bietet sich die Möglichkeit, einen Abstecher zum Pico Nambroque zu machen. Allerdings sollte er aus Zeitgründen eher im Rahmen der Rundwanderung gemacht werden, die vom Refugio El Pilar über den Pico Birigoyo zum Pico Nambroque und wieder zurückführt.

Der Vulkanroute folgend gelangt man als Nächstes zu dem erstarrten pechschwarzen Lavasee »Lavas la Malforada«. Der Weg führt weiter zu einer Weggabelung am untersten Kraterrand des Montaña del Fraile. Von hier aus könnte man über einen Nebenpfad direkt

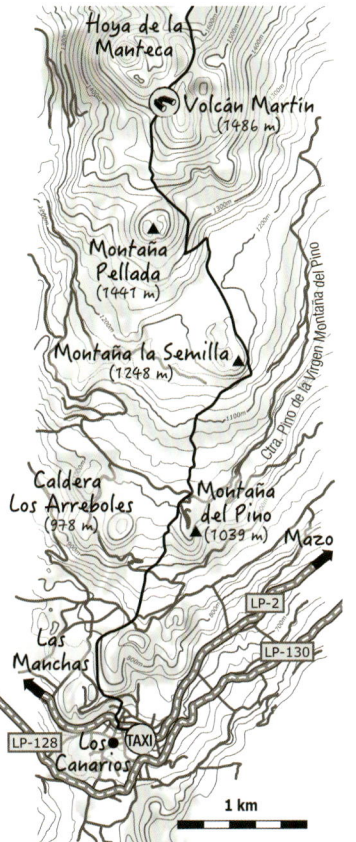

zum Hauptgipfel des Deseada gelangen. Die markierte Hauptstrecke zweigt hier jedoch rechts ab. Diese führt erst leicht abwärts in einem weiten Bogen um den Cráter de Duraznero herum und danach steil hinauf zum Gipfel des Deseada II. Man hat einen herrlichen Ausblick über die gesamte Caldera de Taburiente, auf weite Teile der bisher zurückgelegten Strecke, bis hin zur Westküste und auf die Nachbarinseln.

Weiter geht es auf dem Berggrat der Cumbre Vieja in Richtung Süden. Nun kann man bereits die immer näher kommenden Kuppen der Berge Montaña los Bermejales und Montaña de los Lajiones sehen. Der Weg führt bergauf, über eine flache Senke und anschließend durch ein schmales, jedoch langes Tal.

Krater Hoyo Negro

97

Die Strecke geht nun fast kontinuierlich bergab. Nach zwei Kilometern durch feine Lavagranulate und einem kurzen Aufstieg steht man vor dem Mirador de Montaña Cabrito, direkt gegenüber dem Volcán Martin. Der Hauptweg führt rechts an ihm vorbei, doch kann man sich durchaus einen kurzen Abstecher zum Kraterrand erlauben.

Hat man die andere Vulkanseite erreicht, gelangt man über Vulkanaschefelder abwärts. Bald schon wird der Kiefernwald wieder dichter. Die diversen Querwege werden ignoriert, man folgt einfach dem Hauptweg. Nach gut sechs Kilometern erreicht man den Rastplatz von Fuente de los Roques, oberhalb von Los Canarios. Hier geht man links über die Straße und erreicht so nach kurzer Zeit die Kirche von Fuencaliente.

VARIATIONEN

Zwei Teilwanderungen

Wenn man die Wanderung in zwei Touren aufteilt, geht man vom Refugio El Pilar bis zu den Gipfeln des Deseada und von dort wieder zurück. Dafür sollte man etwa fünf bis sechs Stunden einplanen. Hierbei handelt es sich auch um den optisch reizvollsten Part der Route. Ausgangs- und Zielpunkt der zweiten Wanderung ist dann Fuencaliente, von wo aus man ebenfalls bis zum Deseada und wieder zurück wandert.

HINWEIS

Wasser und Proviant selbst mitbringen, entlang der Strecke gibt es keine Einkehrmöglichkeiten.

WEGBESCHREIBUNG ZUR TAXISTATION

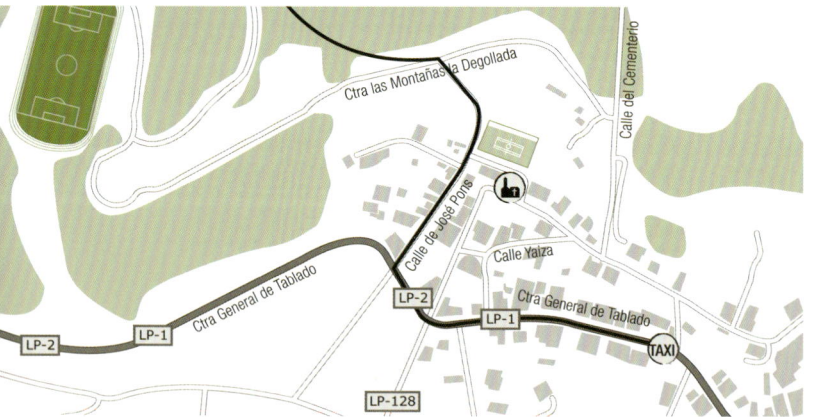

Bild r. der zerklüftete Krater Duraznero

AUF DEN PICO BIRIGOYO

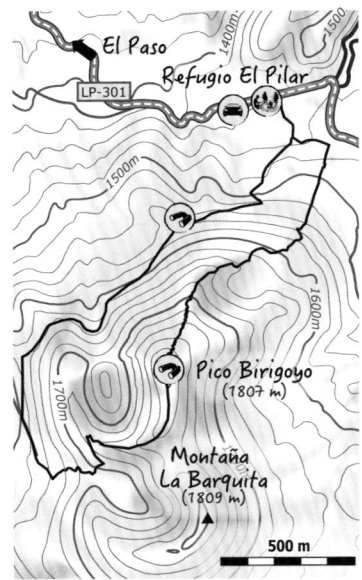

Ausgangs- und Endpunkt:
Rastplatz El Pilar (erreichbar von der Verbindungsstraße von Santa Cruz de La Palma nach Los Llanos; nach dem westlichen Tunnelausgang muss man die Regionalstraße nehmen)

Schwierigkeitsgrad:
leicht – mittel

Dauer:
2 ½ bis 3 Std Gehzeit (ca. 5 km)

Höhenunterschied:
~ 450 m Auf- und Abstieg

ROUTE

Die Routenführung auf den Pico Birigoyo entspricht dem Anfang der Ruta de los Volcanes oder dem ersten Teil der nachfolgend beschriebenen großen Rundwanderung, die neben dem Pico Birigoyo auch den Pico Nambroque mit einschließt.

Eine kleine, gut zu bewältigende Rundtour führt vom Refugio El Pilar zum Berg und wieder zurück zum Ausgangspunkt. Auf dieser Wanderung kann man bei überschaubaren Gehzeiten eine beeindruckende Natur erleben.

Wer nicht gerne den gleichen Weg zurückgeht, kann für den Rückweg von der Vermessungssäule auf dem Gipfel über den Bergrücken Richtung Nordosten wieder absteigen. Der Weg führt hier zu Beginn über Geröll, danach über eine vergleichsweise breite Feuerschneise.

Direkt hinter einem abgedeckten Wasserreservoir erreicht man einen gelb-weiß markierten Wanderweg (PR LP 16). Durch dichten Kiefernwald erreicht man nach fünf bis zehn Minuten wieder den Ausgangspunkt der Wanderung, den Refugio El Pilar.

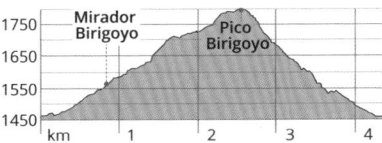

Bild l. Blick ins Aridane Tal, im Hintergrund erhebt sich die Caldera de Taburiente aus den Wolken

DIE BARRANCOS IM NORDEN

Im Norden La Palmas erstreckt sich von Juan Adalid bis zum Barranco von Franceses eine spektakuläre Steilküste, die immer wieder durchbrochen wird von tiefen Barrancos. In dieser Region hat sich eine sehr endemisch geprägte Vegetation angesiedelt. Zu ihrem Schutz wurden verschiedene Naturschutzgebiete eingerichtet.

Die beeindruckendste Schlucht der Region ist der Barranco Fagundo, der zum Naturreservat »Guelguén« gehört. Gemeinsam mit dem Barranco de los Hombres schließt das Naturreservat einen kleinen Bergrücken ein, auf dem sich das schöne Dorf El Tablado befindet.

Webbs Natternkopf

Weitere sehenswerte Dörfer der Region sind Franceses, Juan Adalid, Gallegos und natürlich der Hauptort der Gemeinde, Santo Domingo de Garafía. Verbunden sind die Dörfer untereinander durch den Camino Real (Königsweg). Dieser anspruchsvolle Wanderweg sollte nicht unterschätzt werden. Er ist nur für erfahrene und trittsichere Wanderer empfehlenswert. Alternativ kann man auch mit der Buslinie 2 von Ort zu Ort fahren.

Die Region besitzt herrliche Wanderrouten und bietet grandiose Aussichten auf Küste und Meer. Wer sich nach unberührter Natur sehnt, ist hier genau richtig.

Küste bei El Fajana

Bild l. Küste bei El Fajana, Bild o. Barranco de Fernando Porto

BARRANCO DE FERNANDO PORTO

Garafía
▶ S. 186

Bei Hoya Grande, in der Gemeinde Garafía gelegen, beginnt der sagenhafte Barranco de Fernando Porto. Der Montaña de las Indias teilt diesen zunächst in zwei Ausläufer, die jedoch in der Nähe von Llano Negro bereits wieder zusammentreffen.

Puerto de Garafía
▶ S. 190

Beinahe 600 Meter stürzen die steilen Felswände der Schlucht in die Tiefe und münden bei Puerto de Garafía, einem wunderschönen früheren Hafen, ins Meer. Im oberen Teil des Barrancos hat man über die kahlen, nur von vereinzelten Sträuchern bewachsenen Felsklippen hinweg einen großartigen Blick auf die Küste und die vorgelagerte Felsengruppe Los Guinchos. Zu letzterer gehört auch der Roque de las Tabaidas. Dieser ragt ca. 28 Meter aus der um ihn tobenden Meeresbrandung empor. Bemerkenswert am Roque de las Tabaidas ist ein ungewöhnliches, an ein Fenster erinnerndes Loch im hinteren Teil, das aussieht, als hätten es Menschen in den Stein gehauen.

Roque de las Tabaidas

Die Schluchten von La Palmas Norden – und so auch der Barranco de Fernando Porto – sind geprägt von zahlreichen Wolfsmilchgewächsen und dem farbenfrohen Natternkopf. Darüber hinaus sind die Felswände mit weitläufigen Moosflechten überzogen.

Balsam-Wolfsmilch

Bild o. Steilküste bei Garafía, Bild r. Barranco de Fernando Porto

JUAN ADALID

Juan Adalid ist ein abgelegenes Dorf im Nordwesten La Palmas. Es bildet die Grenze zum Naturschutzgebiet Pinar de Garafía, das über einen urzeitlichen Kiefernbestand verfügt. Zu ihm gehört auch das Naturreservat Guelguén, das viele Trockenschluchten wie den Barranco Magdalena besitzt. In dem zu Juan Adalid gehörigen Küstenabschnitt befinden sich auch mehrere Naturschwimmbecken.

Naturreservat Guelguén

Der Ort selbst ist für seinen Windpark bekannt. Sechs moderne Windräder stehen im Dorf. Der hier meist kontinuierlich wehende, starke Wind ist ideal für diese Art der Stromerzeugung.

Darüber hinaus ist die Natur der Region jedoch nahezu unberührt. Es gibt hier nur wenige Häuser und eine einzige Straße. Diese säumen drei Meter hohe Baumheiden – eine Heideart, die mit der knöchel- bis kniehohen Heide Nordeuropas verwandt ist. Zur Küste hin besteht die Region größtenteils aus Weideland.

Afrikanischer Monarch

Der Ort bietet eine wundervolle Aussicht über die Nordküste La Palmas bis hin nach Franceses und Barlovento. Auch einen Teil des Ortes Don Pedro kann man über die beeindruckenden Schluchten hinweg sehen.

Bild o. u. Bild l. Weideland bei Juan Adalid

BARRANCO FAGUNDO

El Tablado
▶ S. 178

Die faszinierendste Schlucht der Insel ist wahrscheinlich der Barranco Fagundo. Ein Zickzackweg führt hinab auf den Grund der Schlucht. Dort sind verschiedene, durch Erosion freigelegte, Felsenschichten sichtbar. Vom Ort El Tablado kann man in ca. einer Dreiviertelstunde zum Grund der Schlucht hinabwandern.

Die Vegetation der Schlucht besteht aus verschiedenen Wolfsmilchgewächsen, rotem Ampfer sowie blauen, rosafarbenen und weißen Natternkopf-Arten. Auch seltene Endemiten lassen sich an den Felsen der Schlucht finden.

Dem üppig wachsenden Lorbeerwald in den höheren Regionen verdankt der Barranco seine Zugehörigkeit zum Naturreservat Guelguén.

*Papierartige
Cinerarie*

El Tablado liegt unmittelbar am Rand der riesigen Schlucht. Vom Mirador Barranco Fagundo, auch El Moral genannt, kurz hinter dem Ortseingang, bietet sich ein großartiger Blick in den Barranco.

Camino Real:
*noch heute auf
vielen Wanderungen begangen*

Hier beginnt auch der Camino Real, der »Königliche Weg«, der durch den Barranco nach Juan Adalid verläuft. Auf schmalen Pfaden geht man die Hänge entlang. Der Weg ist anspruchsvoll, aber einfach traumhaft und bietet herrliche Aussichten auf die Küste.

Bild o. Gesteinsschichtungen im Barranco Fagundo, Bild r. Küstenmündung

BARRANCO DE LOS HOMBRES

Zwischen El Tablado und Franceses liegt eine weitere der eindrucksvollen Schluchten La Palmas, der Barranco de los Hombres »Schlucht der Männer«. Von El Tablado aus kann man den Barranco in Richtung Franceses durchqueren, genauso natürlich auch umgekehrt.

Die grünen, mit Büschen bewachsenen, Hänge beheimaten eine ganz spezielle Flora. Hervorzuheben sind dabei verschiedene Wolfsmilchgewächse wie die Oleanderblättrige Kleinie, auch Affenpalme genannt.

Die Landwirtschaft wird hier von Trockenanbau und Viehzucht bestimmt. Auch Wildtiere, vor allem die vielen Nistvögel und der Gelbschnabelsturmtaucher, können hier beobachtet werden.

Oleanderblättrige Kleinie

Eine Rarität: Die uralten, mit Tea-Holz gedeckten Häuser

Am Ausläufer der Schlucht liegt der kleine Ort El Fajana. Er befindet sich unmittelbar an einem ganz besonders schönen Küstenabschnitt, wird jedoch nur am Wochenende bewohnt.

El Fajana
▶ S. 180

Eine Wanderung durch die Schlucht ist sehr anspruchsvoll, jedoch in jedem Fall sehenswert.

Bild o. holzgedecktes Dach in El Fajana, Bild l. Barranco de los Hombres

FRANCESES & GALLEGOS

Franceses

Die beiden Orte Franceses und Gallegos liegen inmitten der ein-drucksvollen Barrancos an der Nordküste La Palmas. Hier gibt es zahlreiche wunderbare Wanderrouten, die an den Steilhängen ent-lang und durch die Schluchten hindurch führen.

Beispielsweise kann man von Barlovento aus über den Mirador La Tosca nach Gallegos wandern. Der Mirador La Tosca bietet eine wundervolle Aussicht über Gallegos, Franceses, El Tablado sowie den Ozean. Zudem kommt man auf der Wanderung durch den größten Drachenbaumwald der ganzen Insel, in dem auch viel Moos und Farnkraut wachsen.

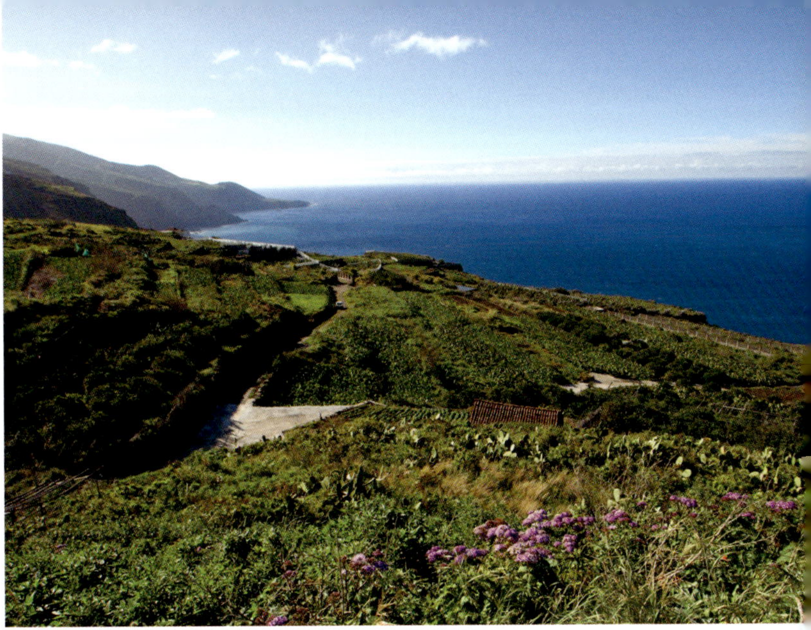

Der Weg von Gallegos nach Franceses ist zu Fuß in 1 ½ Stunden zu bewältigen. Der Camino Real, der »Königsweg«, führt durch eine vielfältige, von Zistrosen, Baumheiden, Agaven, Lorbeer- und Drachenbäumen geprägte Landschaft.

In den beiden abgeschiedenen Dörfern leben heute nur noch wenige Menschen. Eine Rarität sind die uralten, nur mit Brettern gedeckten Häuser, die man nur in La Palmas Norden finden kann. Für die Bretter wurde Tea-Holz, das harzreiche Kernholz der Kanarischen Kiefer, verwendet.

Seit einiger Zeit wird das Gebiet auch von einem Bus angefahren, mit dem man sich am Ende seiner Wanderung bequem zum Ausgangspunkt zurückbringen lassen kann. Die Linie verbindet die beiden Orte Franceses und Gallegos unter anderem mit El Tablado.

Gallegos

Bild l. u. Bild o. die Kulturlandschaft der Küstenregion

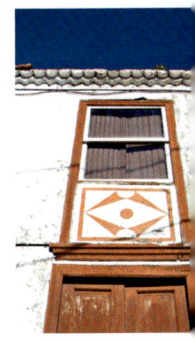

BARRANCO DE GALLEGOS

Der Barranco de Gallegos befindet sich zwischen dem Dorf Barlovento und dem verschlafenen Örtchen Gallegos. In Nord-Süd-Richtung verläuft er zwischen senkrecht aufragenden Steinwänden, die häufig mit Moosflechten und Farnen bewachsen sind.

Nur ein sehr schmaler Pfad führt durch den Barranco hindurch. Leider ist er aufgrund der vielen Steine und Geröll nur sehr schwer zu begehen.

Dank ihrer Lage im vegetationsreichen Norden der Insel hat die Schlucht eine sehr abwechslungsreiche Pflanzenwelt zu bieten. So findet man hier unter anderem Baumheidebüsche, Agaven, Lorbeerbäume, Wolfsmilchgewächse und die Montpellier-Zistrose.

Moosflechten auf dem Gestein

Montpellier-Zistrose

Bild o. u. Bild r. die Steilwände des Barranco de Gallegos

DIE FLORA DER NORDKÜSTE

Die Nordküste La Palmas ist von relativ beständigen Temperaturen, recht häufigen Regenschauern, starker Sonneneinstrahlung sowie einem hohen Salzgehalt der Luft durch das Meer geprägt. Dementsprechend wachsen in unmittelbarer Nähe der Küste besonders salzliebende Pflanzen, in höheren Lagen vor allem Sukkulenten.

Kleinfrüchtiger Affodill

Charakteristisch für die Region sind unter anderem der Kanaren-Lavendel, der auf einer Höhe von 100 bis 300 Metern wächst, oder auch der Kleinfrüchtige Affodill, der in bis zu 1.000 Meter hohen Lagen anzutreffen ist.

Grünlicher Natternkopf

Meist an lichtoffenen, felsigen Standorten, Geröllfluren oder feuchteren Zonen in Höhenlagen bis zu 2.000 Metern wächst der endemische Natternkopf, ein Strauch mit in der Regel einem Stamm sowie einer großen, zylindrischen, blauen, weißen oder roten Blüte.

In den Küstenbereichen findet man außerdem verschiedene Margariten-Arten wie die endemische Kanaren-Margariten, die bis zu einer Höhe von 700 Metern angesiedelt sind.

Kanaren-Margerite

Die Rotbraune Leuchterblume ist ein Sukkulentenbusch, der als seltene, endemische Pflanze ausschließlich in La Palmas Norden vorkommt. Die Pflanze besitzt weiße, wachsartig überzogene Glieder und eine rotbraune Blüte.

Rotbraune Leuchterblume

Bild l. Blauer Strauch-Natternkopf, Bild o. Kanarischer Lavendel

Den besonders großen Pflanzenreichtum verdankt die Region dem Umstand, dass die Passatwolken an den hohen Gebirgszügen des Nordens hängen bleiben und sich hier abregnen. Ein weiterer Faktor, der den Pflanzen das Gedeihen hier erleichtert, ist die spärliche Besiedlung der Region.

Zu den hier wachsenden Arten zählt auch der Lorbeer, der bevorzugt in feuchten, schattigen Höhenlagen zwischen 500 und 1.000 Metern wächst, wobei er in den niederen Lagen um 500 Meter von Kanarischen Wurmfarn und dem Drüsigen Wasserdost umrankt wird.

Lorbeer

Eine weitere typische Pflanze für La Palmas grünen Norden ist die Baumheide, die hier viele Wege säumt und auch in den trockeneren Lagen des Lorbeerwalds anzutreffen ist. Die Baumheide-Buschwälder wie auch der Lorbeerwald sind außerdem von der Kanarischen Stechpalme durchwachsen. An den Felshängen, die sich von Meereshöhe bis in die höher gelegene Waldgebiete ziehen, wächst das auf den Kanaren endemische Kreuzblättrige Johanniskraut mit seinen gelben Blüten.

*Drüsiger
Wasserdost*

*Kreuzblättriges
Johanniskraut*

Im nördlichen Bereich der Insel findet man drei Naturschutzgebiete. Ein großer Teil der zentralen Nordküste wird vom Reserva Natural Especial de Guelguén eingenommen, das von der Paisaje Protegido de el Tablado unterbrochen wird, während im Süden das Reserva Natural Integral del Pinar de Garafía daran anschließt.

DIE BARRANCOS IM NORDEN

VON GARAFÍA NACH EL TABLADO

TOURENCHARAKTER

Der »Camino Real« (alter Königsweg) im Nordwesten der Insel führt durch zahlreiche Barrancos über das Naturschutzgebiet Guelguén in das Landschaftsschutzgebiet von El Tablado. Die zum Teil verwilderten Abschnitte und das stetige Auf und Ab machen die Strecke mitunter sehr anstrengend.

HINWEIS

Einkehrmöglichkeit am Ausgangspunkt; Wasser und Proviant für die Strecke mitnehmen, gute Kondition erforderlich.

Ausgangspunkt:
Kirchplatz Santo Domingo de Garafía

Endpunkt: El Tablado

Schwierigkeitsgrad: anspruchsvoll

Dauer: 5 ½ - 6 Std (ca. 13,7 km); einfacher Weg

Höhenunterschiede:
ca. 1.000 m Auf- und Abstieg

Markierung: GR 130, weiß-rot

Variation: *Zum Reinschnuppern, nur bis El Palmar (ca. 2,5 Std.)*

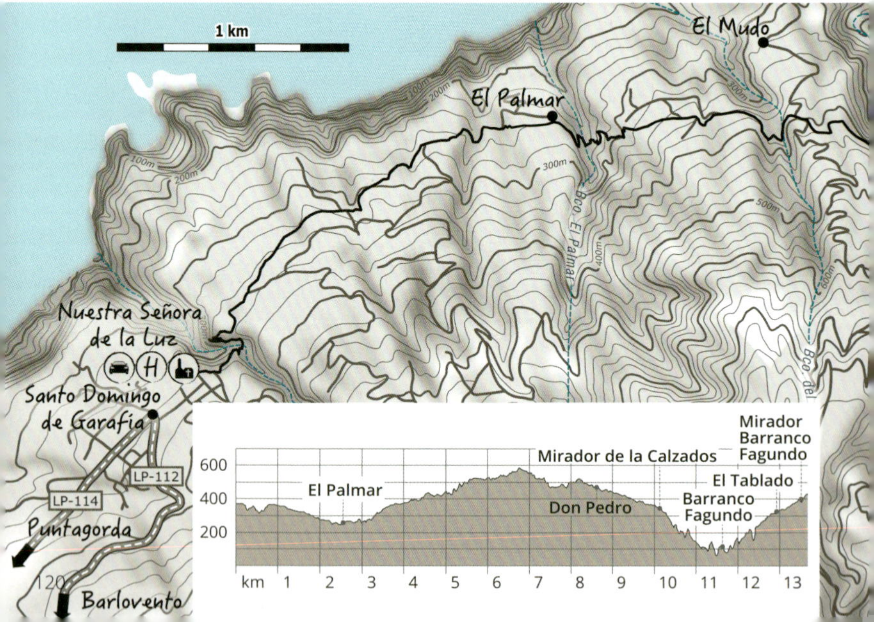

ROUTENBESCHREIBUNG

Santo Domingo de Garafía ist entweder von Puntagorda aus über die LP-114 oder von Barlovento aus über die LP 112 erreichbar. Das Auto kann auf dem Parkplatz bei der Plaza de Iglesia an der Kirche abgestellt werden – dort befindet sich auch eine Bushaltestelle.

Man folgt zunächst der Calle del Tocadero vorbei am Mirador el Chorro. Nach einer Rechtskurve biegt man in den links abzweigendem Camino Real ein. Über einen steilen Abstieg gelangt man auf den Grund eines mit Drachenbäumen bewachsenen Barrancos. Ebenso steil geht es auf der anderen Seite wieder bergauf. Am oberen Ende der Schlucht mündet der Weg mehrfach in eine Piste, der man jeweils für mehrere Meter folgt. Hinter der dritten Mündungsstelle erreicht man einen wunderschönen kleinen Barranco, in dem auch einige Höhlen zu sehen sind. Kurz darauf, vor einem Bauernhaus biegt der GR 130 nach rechts ab und führt oberhalb des entlegenen Örtchens El Palmar vorbei.

El Palmar besteht lediglich aus einer Handvoll Häusern, von denen nicht mehr alle bewohnt sind. Hinter dem kleinen Örtchen geht es erst steil abwärts in den Barranco El Palmar und dann wieder steil hinauf.

Kurz vor einem allein stehenden Haus führt der Wanderweg nach rechts. Nach ungefähr 100 Metern passiert man eine Finca mit Palme und gelangt dann auf einen Fahrweg, den man allerdings in der folgenden Rechtskurve wieder nach links verlässt.

Gelegentlich helfen Steinmännchen bei der Orientierung.

Dahinter mündet der Camino erneut in eine Piste, der man zur Durchquerung des Barranco del Mundo folgt. Oben angekommen hält man sich an der Weggabelung rechts, dann in der nächsten Rechtskurve den nach links abbiegenden, gepflasterten Weg nehmen.

Wenig später erreicht man den beeindruckenden Barranco de Domingo Díaz. Es folgt ein etwa zehnminütiger Abstieg, dem sich ein serpentinenreicher Aufstieg anschließt. Hat man das nächste Hochplateau erklommen, verbleibt man auf dem rot-weiß markierten GR 130, den hohe Baumheiden säumen. Nach mehreren Hundert Metern kreuzt der Wanderweg eine Piste und führt zum kleinen, beschaulichen Juan Adalid.

Am ersten Haus vorbei führt der Weg über die Zufahrtsstraße (Richtung San Antonio del Monte) und verläuft zwischen den Windrädern weiter. Nach einiger Zeit passiert man ein einsames Haus und biegt halb rechts auf den markierten Wanderweg ab.

Danach wandert man auf einem von Baumheiden gesäumten Pfad über den Hang und durch zwei kleinere, teils verwucherte Schluchten hindurch. Später spaltet sich der Weg an einem Stromleitungsmast. Nun geht es auf dem gerade verlaufenden, ebenen Weg weiter und man gelangt auf einen Bergrücken mit Gipfelkreuz. Dieses markiert den höchsten Punkt der Wanderung. Von hier aus kann man das verträumte Dörfchen Don Pedro sowie – bei guten Sichtverhältnissen – den Roque de los Muchachos sehen.

Dem Weg geradeaus folgend, gelangt man zum Barranco de Valle Rey. Hinter

einer Handvoll Häusern, linker Hand, führt der Weg zum Grund der Schlucht hinab. Der abschüssige Weg führt entlang von Felswänden, an vereinzelten Lorbeerbäumen vorbei. Auf der anderen Seite des Barrancos steigt man den steilen Weg wieder hinauf. Nach dieser urwaldartigen Strecke gelangt man links nach Don Pedro.

An den ersten Häusern kreuzt ein betonierter Fahrweg. Man überquert den Hang und gelangt zu einer Straße, an der die Plaza und das ehemalige Schulhaus liegen. Ca. 25 Meter vor der Schule biegt man rechts in den ausgeschilderten Camino Real in Richtung El Tablado ein. Anfänglich mit Stufen führt der Weg über einen Hang und trifft auf einen befahrbaren Weg, welcher zu einem Hof am Rand des spektakulären Barranco Fagundo führt.

An einer Weggabelung biegt man links den breiten Wanderweg ein. Kurz darauf

eröffnet sich ein großartiger Blick auf das nahe gelegene El Tablado und das nun folgende Wegstück durch den Barranco. Der Pfad schlängelt sich in zahlreichen Serpentinen zum Grunde der Schlucht.

Variante: Wer möchte, kann von hier einen Ausflug zur Mündung des Barrancos ins Meer machen (30 Minuten extra).

Vom Grund des Barrancos steigt man nun hinauf zum malerischen Örtchen El Tablado. Dort angekommen folgt man dem Weg zur Dorfstraße. – Vorsicht, man verlässt hier den GR 130, dieser zweigt links Richtung Franceses ab. – Stattdessen folgt man dem PR LP 9.1 den Berg hinauf. Dieser führt zum Mirador Barranco Fagundo. Ist das am Aussichtspunkt gelegene Restaurant El Moral geöffnet, kann man sich dort ein Taxi rufen und sich zurück zum Ausgangspunkt bringen lassen.

Bild o. Playa des Barranco Fagundo

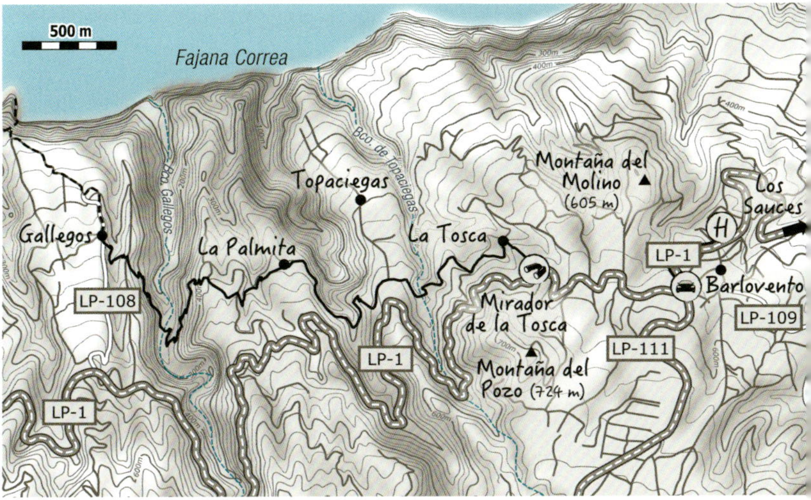

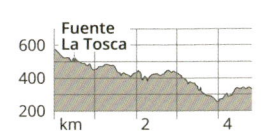

VOM MIRADOR DE LA TOSCA NACH GALLEGOS

TOURENCHARAKTER

Die Wanderung führt durch mehrere Schluchten. Auf dem Weg passiert man kleine, verträumte Dörfer, die nur aus wenigen Häusern bestehen, und üppig bewachsene Weiden. Immer wieder hat man dabei wunderbare Ausblicke auf die traumhafte Natur und die wildromantische Nordküste La Palmas.

HINWEIS

Einkehrmöglichkeit in Barlovento und in Gallegos; Wasser und Proviant für unterwegs selber mitbringen.

Ausgangs- und Endpunkt:
Mirador de la Tosca an der LP-1 von Barlovento nach Garafía

Schwierigkeitsgrad: mittel

Dauer: 1 ½ - 2 Std (ca. 5 km); einfacher Weg

Höhenunterschiede:
ca. 300 m Aufstieg, ca. 520 m Abstieg

Markierung: GR 130, weiß-rot

Bild l. terrassierte Felder zwischen Barlovento und Gallegos

Folgt man von Barlovento kommend der LP-1, gelangt man zum Aussichtspunkt Mirador de la Tosca. Dieser wird auch von einem Bus angefahren.

Vom Aussichtspunkt aus bietet sich ein toller Blick auf die anstehende Route, das unterhalb gelegene, gleichnamige Örtchen, die umliegenden Drachenbaumhaine und sogar das weiter entfernte El Tablado. Eine betonierte Piste führt rechts vom Mirador hinab. Nach kurzer Zeit geht sie in einen Weg über, auf dem man innerhalb weniger Minuten in das verträumte Dörfchen La Tosca gelangt.

Dort geht unser Weg in einen betonierten Fahrweg über, dem man nach links folgt (weiß-rote Markierung, GR 130). Der Fahrweg geht in einen schönen Wanderweg über, der auf Steinstufen in die Schlucht des Barranco Topaciegas führt. So schnell man den Grund erreicht hat, so schnell ist man auch wieder oben. Anschließend überquert man einen Hang und erreicht den nächsten Bergrücken.

Nun durchquert man den Barranco de la Vica. Man trifft wieder auf einen betonierten Fahrweg, auf dem man bis zur nächsten Kreuzung bei La Palmita, bleibt. Dort geht es geradeaus, stets der weiß-roten Markierung folgend, weiter. Man durchquert erneut eine kleine Schlucht. Vom folgenden Geländerücken aus lässt sich bereits das schön gelegene Gallegos erblicken. Dazwischen liegt aber noch der Barranco Gallegos.

Der Abstieg führt an Baumheide, Gänsedistel, Zistrosen und Agaven vorbei in die gewaltige Schlucht hinab. Der Pfad ist stellenweise recht verwildert, große Felsen bieten eine reizvolle Kulisse. Auf der gegenüberliegenden Seite der Schlucht wird man anschließend auf einem schweißtreibenden, steilen Weg wieder hinaufgeführt und erreicht die ersten Häuser des kleinen, verträumten Ortes.

Bevor man in die eigentliche Ortschaft gelangt, muss man jedoch einen weiteren kleinen Barranco durchqueren, was etwa eine Viertelstunde in Anspruch nimmt. In Gallegos angekommen lädt eine kleine Bar zur Einkehr ein.

Wer nicht zurückwandern möchte, kann von hier mit dem Taxi oder dem Bus zum Ausgangspunkt zurückfahren.

Wegbegleiter: Heuschrecke ...

und Afrikanischer Monarch

ZIELE AUF LA PALMA

Santa Cruz bis Barlovento

Der nördöstliche Teil der Insel hat viel zu bieten: Santa Cruz als kulturelles Zentrum der Region, die Naturschwimmbecken mit Meerwasser bei Barlovento und bezaubernde Wanderungen in den Lorbeerwäldern der Region.

Barlovento bis Garafia

Tiefe Schluchten, üppig bewachsene Hänge, eine schroffe Steilküste und verschlafene Örtchen prägen das Landschaftsbild des nördlichen Inselteils, in dem der Tourismus bis heute nicht wirklich angekommen ist.

Garafia bis Los Llanos

An den schroffen Küsten im Nordwesten können Wanderer auf Entdeckungstour durch hochgelegene Dörfer und zwischen Drachenbaumhainen versteckte Felshöhlen gehen. Die Piratenbucht zeugt zudem von La Palmas Vergangenheit.

Los Llanos bis Fuencaliente

Der sonnenreiche Südwesten ist gleichzeitig die am besten erschlossene Region der Insel. Hier finden sich die meisten Unterkünfte und Angebote für ein abwechslungsreiches Sport- und Freizeitprogramm.

Fuencaliente bis Santa Cruz

Die Küstenregion im Südosten ist dicht besiedelt, während sich im Hinterland eindrucksvolle Gebirgsrücken erheben. Auf der »Ruta de los Volcanes« kann man die Cumbre Vieja mit ihren 120 erloschene Vulkankratern bewandern.

Piscina la Fajana

Punta Gaviota
Los Camachos
Punta de Topaciegos
Faro de Barlovento
Las Paredes
BARLOVENTO
Topaciegas
Punta Cumplida
La Palmita
La Tosca
Puerto Talavera
LP-1
La Cuesta
La Lomadita
LP-111
Pico de
Barlovento
796
La Verada
Hoya Grande
Roque Negro
El Balladero
734
LP-104
Puerto de Espíndola
El Cardal
Los Sauces
Piscinas Charco Azul
Iglesia San Andrés Apóstol
LP-107
Tanque
San Andrés
Verada de
las Lomadas
Bermúdez
Llano el Pino
Los Tiles
Punta El Guincho
Garachico
Punta de la Galga
El Roque
La Galga
437
Gallado de Nogales
Ermita de San Bartolomé
La Galga
e de los Andenes
Cubo de la Galga
Playa de Nogales
de la Piedra Llana
El Cerado
Cueva del Infierno
El Granel
Cruz Herrera El Topo
El Brazil
Los Roques
Montaña
Siete Cejos
705
El Tubuco
LP-102
Punta Salinas
La Camacha
PUNTALLANA
Zomagallo
717
Iglesia de San Juan Bautista
LP-1032
LP-1
LP-101
Santa Lucía
Pico de la Nieve
2239
Punta Santa Lucía
Tenagua
Álamos
Punta Cordones
Caleta de la Sancha
Mirca
Miranda
Costa de Miranda
El Morro
Topo Catalino
1185
Dehesa
La Palmita
Las Nieves
Pico Corralejo
2044
Las Tierras
Castillo de la Virgen
El Planto
Castillo de Santa Catalina
Pico Ovejas
1854
Velhoco
La Cuesta
Juan Mayor
LP-123
SANTA CRUZ DE LA PALMA

Punta de San Carlos
Punta de los Guinchos
LP-2

2 km

VON SANTA CRUZ BIS BARLOVENTO

Der Nordosten La Palmas ist der geologisch älteste Teil der Insel. Er hat überwiegend tiefe Schluchten, eine schroffe Küstenlinie, kleine, verschlafene Dörfchen und fruchtbare, üppig bewachsene Ebenen vorzuweisen. In dieser regenreichen Region La Palmas findet sich einer der bedeutendsten Lorbeerwälder der Kanaren, durch den auch einige Wanderrouten hindurchführen.

Der Lorbeerwald bei Los Tiles

Die belebte Hauptstadt Santa Cruz, im südlichen Teil dieses Inselabschnitts gelegen, bildet das kulturelle Zentrum der Region und ist mit all ihren Facetten auf jeden Fall einen Besuch wert.

Nördlich von Santa Cruz finden sich viele kleinere Ortschaften, die zum Teil auf hohen Bergrücken zwischen tief eingeschnittenen Barrancos und bewirtschafteten Feldern liegen.

In der Gegend gibt es einige Bademöglichkeiten. Vor allem die Meerwasserschwimmbecken Piscinas del Charco Azul bei San Andrés und den Piscinas de la Fajana bei Barlovento zählen zu den schönsten Badeplätzen der gesamten Insel.

Piscinas de La Fajana bei stürmischer See

SANTA CRUZ DE LA PALMA

Am 3. Mai 1493, dem »Tag der Erhebung des Heiligen Kreuzes«, gründete Alonso Fernández de Lugo die Inselhauptstadt Santa Cruz de La Palma an der Ostküste. Innerhalb kürzester Zeit wurde sie zu einer der wichtigsten Hafenstädte Spaniens.

Heute ist Santa Cruz mit den 20.000 Einwohnern nach Los Llanos nur noch die zweitgrößte Stadt der Insel. Dennoch ist sie mit ihrem großen kulturellen Erbe sehr sehenswert. Viele fremdländisch klingende Namen erinnern noch an die Zeit, in der Santa Cruz in der Funktion als wichtigstes Handelszentrum viele ausländische Kaufleute anzog.

Die historische Altstadt ist dank ihrer anmutigen Kirchen, Klöster und wunderschönen alten Herrenhäuser denkmalgeschützt. Schön verzierte Holzbalkone schmücken die hübschen Bürgerhäuser, die überall in der Stadt zu finden sind. Mitten im Zentrum, an der Plaza de España, befindet sich die Iglesia de El Salvador mit ihrem imposanten Renaissance-Portal.

Den schönsten Blick auf die Stadt hat man wohl in den frühen Morgenstunden, wenn sie von den ersten Sonnenstrahlen in ein bezauberndes Licht getaucht wird. Vor allem bei einer Anreise mit dem Schiff hat man einen wunderbaren Blick auf das an einem Berghang gelegene Santa Cruz.

Das Rathaus »Ayuntamiento« der Stadt ist das wichtigste zivile Gebäude La Palmas. Alle Verwaltungseinrichtungen der Insel sind in Santa Cruz konzentriert.

Vom internationalen Flughafen gelangt man innerhalb von zehn Minuten in die Stadt. Außerdem gibt es vom Hafen aus tägliche Fährverbindungen zu den Nachbarinseln.

Ganz gleich, ob man wegen der vielen Sehenswürdigkeiten, des berühmten Karnevals oder der alle fünf Jahre stattfindenden Bajada nach Santa Cruz de la Palma reist – die Stadt ist in jedem Fall einen Besuch wert.

Santuario de N. S. de las Nieves

N. S. de la
Encarnación

Puntallana

Cuesta de la Encarnación

Castillo
de la Virgen

Plaza de
San Fernando

José Pérez Vidal

Barranco de las Nieves

Avenida de las Nieves

Avenida Manuel González Méndez

Velachero

El Marquito

Jangla

Museo Naval

Pérez Castellós

Bardanza

Baltasar Martín

A. Rodríguez López

Plaza de
la Alameda

El Castillete

LP-1

Las Casas

San Francisco

Baltasar Martín

Cruz Roja

S. Francisco

M. Cabezola

Castillo de Santa
Catalina

Plaza de
San Francisco

Catalina

Santa Adrueña

M. Montaño

La Palmita

José López

H. B. Méndez

Dr. Santos Abreu

Díaz Pimienta

Hospital
de Dolores

El Pilar

S. V. de Paúl

San José

El Lomo

Anselmo Pérez de Brito

Avenida Marítima

Plaza de
José Mata

Montensito

A. Cabrera Pinto

Drago

Garachico

Balcones Típicos

Carretera de Timibucar

Calle Blanca

Huertas

San Sebastián

Morales

Fernández Ferraz

El Salvador

Mercado

Álvarez de Abreu

Avenida del Puente

Plaza de España

Ayuntamiento

LP-202

Santo Domingo

Nogales

Párraga

Plaza
de Santo
Domingo

O'Daly

LP-1

Plaza
Tanquito

Timibucar

Vandevar

Guaní

Apurón

Blas

Abreu

Avenida Marítima

Tres de Mayo

Virgen de la Luz

O'Daly

Avenue de

Simón

ATLANTISCHER OZEAN

Carretera de
Teneguía

Navarra

San Telmo

Constitución

Plaza de la
Constitución

LP-202

Ermita
de la Luz

Taburiente

La Portada

Carretera del Galión

Carretera del Galión

Carretera Bajamar

Muelle de Ribera

Muelle

Fähre

100 m

N
W   O
S

LP-1   Club Náutico

Aeropuerto/ Fuencaliente

SANTA CRUZ – BARLOVENTO   133

DIE ALTSTADT

Die Altstadt von Santa Cruz de La Palma spiegelt in ihren prachtvollen und herrschaftlichen Gebäuden den Glanz alter Zeiten wider. 1990 wurde sie unter kunsthistorischen Baudenkmalschutz gestellt.

Sie beginnt direkt bei der Festung Castillo de Santa Catalina und zieht sich in südlicher Richtung an der Uferpromenade entlang bis zur Ermita de La Luz, einer hübschen Wallfahrtskapelle. Die Calle O'Daly ist die Hauptgeschäftsstraße der Stadt.

Ebenfalls an der Calle O'Daly liegt die zentrale Plaza de España. Der Platz wird von einem kleinen Brunnen, dem hübschen Rathaus und der beeindruckenden Kirche de El Salvador geziert. Folgt man der Calle O'Daly noch etwas weiter nach Süden, erreicht man bald die Casa Salazar, ein altes Renaissance-Herrenhaus, das man auch von innen besichtigen kann.

Die Balcones Típicos »die typischen Balkone« befinden sich dagegen weiter nördlich an der Uferstraße Avenida Marítima. Sie stellen wunderbare Exemplare portugiesischen Kunsthandwerks dar.

Hier finden Sie nur eine kleine Aufzählung der vielen Sehenswürdigkeiten der Inselhauptstadt. Möchte man die Altstadt mit all ihren Gebäuden, Museen und sonstigen Facetten in Ruhe besichtigen, benötigt man mindestens einen ganzen Tag. Für einen gemütlichen Stadtrundgang sollte man etwa ein bis zwei Stunden einplanen.

Um mehr über die Insel zu erfahren, bietet sich ein Besuch im Inselmuseum »Museo Insular« an, das über die Geschichte der Insel La Palma informiert. Es befindet sich in den Räumlichkeiten des Klosters Convento de San Francisco, dessen einzigartige Baukunst sehr beeindruckend ist.

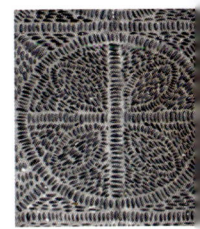

Bild l. Altstadtgasse in Santa Cruz de la Palma

BALCONES TÍPICOS

Die Insel La Palma ist bekannt für ihre bunten kanarischen Holzbalkone, die viele der alten kanarischen Gebäude schmücken. Die Balkone sind meist ornamental verziert und erinnern an die maurische Baukunst, die heute noch in vielen Teilen Andalusiens vorherrscht.

In Santa Cruz de La Palma finden sich die »Balcones Típicos« in der Avenida Marítima. Sie schmücken die prächtigsten Herrenhäuser der Hauptstadt und wurden von portugiesischen Einwanderern geschnitzt. Ursprünglich wurden sie erbaut, um Vorräte zu lagern. Sie reichen meist über zwei Stockwerke und waren früher komplett durch ein feingliedriges Gitterwerk aus Holz geschlossen. Dadurch entstand ein schattiger, luftiger Raum, in dem Lebensmittel wie Getreide oder Trinkwasser ideal gelagert werden konnten.

Balcones
Típicos

Heute dienen die Holzbalkone hauptsächlich als Hausschmuck und beliebtes Fotomotiv bei Touristen. Meist sind sie grün, blau, rot oder auch braun gestrichen und mit reichem Blumenschmuck behängt. Sie sind in ihrer handwerklichen Kunst einmalig und als Baudenkmal besonders geschützt.

Bild r. Balcones Típicos an der Avenida Marítima

KASTELLE

Im Osten der Hauptstadt Santa Cruz de La Palma finden sich zwei Kastelle, die zur Verteidigung gegen Piratenangriffe errichtet wurden, das Castillo de Santa Catalina und das Castillo de la Virgen.

Das Castillo de la Virgen (»Kastell der Jungfrau«) liegt am Ende der Plaza Alameda. Die Festung wurde im 16. Jahrhundert angelegt und ist heute leider nicht mehr vollständig erhalten. In einem Marienraum hängt ein Bild von knapp einem halben Meter Höhe. Es handelt sich dabei um ein mehrfarbiges, gotisches Terracotta-Bild aus dem 14. Jahrhundert. Das Gemälde wird von den Bewohnern der Insel sehr verehrt.

Unweit vom Castillo de la Virgen wurde an der Avenida Marítima eine zweite Festung errichtet, das Castillo de Santa Catalina. Das Kastell wurde 1585 im Auftrag Karls V. von dem italienischen Baumeister Leonardo Torriani entworfen. In seinen Gärten steht eine Skulptur des kanarischen Künstlers Chirino. Die Festung ist umgeben von dicken Steinmauern und weist einen sternförmigen Grundriss auf. Die Burg selbst kann nicht besichtigt werden, dennoch lohnt sich ein Besuch, um das imposante Gebäude von außen zu betrachten.

Castillo de Santa Catalina

KIRCHEN UND KLÖSTER

*Iglesia de
Santo Domingo*

Vor ca. 500 Jahren kamen Dominikaner- und Franziskanermönche nach La Palma und bauten auf der Insel mehrere Klöster und Wallfahrtskirchen. Im Laufe der Zeit wurden die Gebäude immer weiter ausgebaut und vergrößert. Noch heute kann man Elemente unterschiedlicher Epochen erkennen. Das Innere der Kirchen birgt einen regelrechten Schatz an Malerei und Bildhauerkunst aus Gotik und Renaissance, die stark flämisch geprägt ist. Eine besondere Sehenswürdigkeit sind die Mudéjar-Decken im Inneren der Kirchen.

Ein wunderbares Beispiel hierfür birgt die Iglesia de Santo Domingo. Die Kirche ist Teil des ehemaligen Klosters San Miguel de las Victorias. In ihr befindet sich eine große Sammlung flämischer Ölgemälde, darunter auch das berühmte »Heilige Abendmahl« Ambrosius Franckens.

*Iglesia de
Encarnación*

Das Kloster der Franziskaner befindet sich im Osten der Altstadt. Die Kirche des Klosters ist die im Renaissance-Stil erbaute Iglesia de San Francisco, die ein sehenswertes, kuppelförmiges Tafelwerk besitzt sowie die flämische Skulpturengruppe »Santa Ana«.

Außerhalb der Altstadt von Santa Cruz ist die Iglesia de Encarnación einen Besuch wert. Hier kann man eine weitere wertvolle flämische Skulpturengruppe bestaunen, »La Anunciación« (»Die Verkündigung«), die aus polychromem Holz geschnitzt wurde.

*Iglesia de
El Salvador*

Das bedeutendste Sakralgebäude der Insel befindet sich jedoch an der Plaza de España, direkt im Stadtzentrum. Hier steht die Iglesia de El Salvador. Der Bau begann Anfang des 16. Jahrhunderts. Seither wurde sie Zug um Zug erweitert. Die Kirche besitzt einen nachträglich angebauten Turm sowie ein Portal aus schwarzem Vulkangestein. Sie gliedert sich in drei Schiffe, alle mit einer reich verzierten Holzdecke im Mudéjar-Stil. Sehenswert ist schließlich das von dem Maler Antonio María Esquivel aus Sevilla stammende Gemälde »Die Verklärung« auf dem Hauptaltar aus dem Jahr 1837.

DIE PLAZA DE ESPAÑA

Die Plaza de España liegt mitten im Herzen der Altstadt von Santa Cruz. Durch Palmen ist der ruhige Platz etwas abgetrennt von der belebten Hauptgeschäftsstraße Calle O'Daly. Prächtige Häuser aus dem 18. Jahrhundert, die Iglesia de El Salvador und das Rathaus (»Ayuntamiento«) umgeben den asymmetrisch angelegten Platz.

Das Rathaus ist das wichtigste zivile Gebäude La Palmas. Zudem ist es eines der schönsten Renaissancegebäude des ganzen Archipels. Erbaut wurde es zwischen 1559 und 1563 unter der Herrschaft König Philipps II. Die prachtvolle Fassade auf der Eingangsseite zeigt ein Bildnis des Herrschers sowie das Wappen der Habsburger. Vier auf Steinsäulen gelagerte Bögen gliedern die Fassade. Im Inneren findet man neben mehreren Freskogemälden eine holzgeschnitzte Deckenverkleidung, wie sie für La Palma typisch ist. Da das Rathaus tagsüber meist geöffnet ist, kann man hineinschauen und sich selbst von der Schönheit überzeugen.

Wasserspeier an der Kathedrale

Eine Bronzestatue in der Mitte der Plaza de España erinnert an den Priester und Humanisten Manuel Díaz Hernández. Schon 1588 wurde auf der Westseite des Platzes ein Brunnen angelegt. Er sicherte in der Vergangenheit die Wasserversorgung der Bewohner der umliegenden Straßenzüge. Heute ziert er einfach den Platz. Geschmückt ist er mit dem Wappen La Palmas.

Bronzestatue des Manuel Díaz Hernández

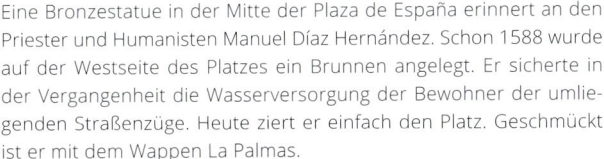

Bild o. und r. Holzschnitzereien am Rathaus »Ayuntamiento«

Bild l. Plaza de España mit der Bronzestatue des Manuel Díaz Hernández

INSELMUSEUM »MUSEO INSULAR«

Öffnungszeiten

Oktober – Juni
Mo – Sa: 10:00 – 20:00 Uhr
So: 10:00 – 14:00 Uhr
Juli – September
Mo – Sa: 10:00 – 19:30 Uhr

Eintritt

Erwachsene: 4,00 €

Anreise

Plaza de San Francisco 3
Tel.: +34 922 423 100

Das einstige Franziskanerkloster aus dem 16. und 17. Jahrhundert befindet sich zwischen der Plaza und der Kirche.

Die Ausstellung erstreckt sich über zwei Etagen. Sie behandelt die Archäologie, Heimat- und Naturkunde sowie die bildenden Künste auf La Palma. Zur Ausstellung gehören verschiedene Exponate flämischer Maler aus dem 16. Jahrhundert.

Zudem kann eine Sammlung von Mineralien, Keramiken

und Felsschnitzzeichnungen besichtigt werden. Im volkskundlichen Teil der Ausstellung können verschiedene Arten des hiesigen Kunsthandwerks begutachtet werden.

SCHIFFSMUSEUM »NAVAL«

Öffnungszeiten

Mo – Fr: 10:00 – 18:00 Uhr
Sa, So: 10:00 – 14:00 Uhr

Eintritt

Erwachsene: 4,50 €
Kinder bis 12 Jahre: frei

Anreise

Plaza de la Alameda

Tel.: +34 922 411 787
E-Mail: museossclpalma
@gmail.com

Hinter der Plaza de la Alameda liegt eine Nachbildung der »Santa Maria«, des Schiffes, mit dem Christoph Columbus nach Amerika gefahren ist.

Das in Originalgröße nachgebaute Schiff von Christoph Kolumbus ist Sitz eines kleinen Museums rund um die Schifffahrtsgeschichte. Hier befinden sich wertvolle Pergamente wie alte Schiffskarten, Navigationsinstrumente sowie private Sammel- und Erinnerungsstücke.

Es gibt keinen Beleg, dass Columbus jemals auf La Palma war. Dennoch bietet das Museum eine Ahnung davon, wie abenteuerlich eine Ozeanüberquerung in diesen Zeiten gewesen sein muss.

PARQUE BOTÁNICO Y FAUNÍSTICO MAROPARQUE

Der oberhalb von Santa Cruz gelegene Tierpark beherbergt mehr als 100 verschiedene Tierarten. Hinzu kommt der faszinierende Ausblick auf die Stadt, die Berge sowie den Atlantik. Auf verschlungenen Pfaden, vorbei an typischen kanarischen Pflanzen sieht man Teiche, Wasserfälle und urige Höhlen.

Der Park bietet Leguanen, Kaimanen, Erdmännchen, Gürteltieren, Krokodilen, fünf Affenarten, Kängurus und vielen anderen Tieren eine Heimat. Besonders sehenswert sind die begehbaren Volieren, in denen zahllose Vögel die Lüfte durchstreifen. Greifvögel wie Falken und Geier findet man hier ebenso wie paradiesisch bunte Aras, Tukane, Flamingos und Ibisse aber auch Emus und Strauße.

Das Aquarienhaus beherbergt unter anderem Seefische, Süßwasserfische, Wasserschildkröten und einen Python. Für die Besichtigung des Parks benötigt man gut eine Dreiviertelstunde. Danach kann man in der Cafeteria etwas entspannen.

Den Park erreicht man von Santa Cruz aus auf der zur Westseite führenden Hauptstraße. Diese verlässt man in Richtung Las Nieves. Kurz nach der Kreuzung sieht man ein Hinweisschild. Ihm kann man direkt zum Park folgen. Eine Alternative zum Auto ist der Bus. Die Linien 1, 6, 9 und 10 fahren zum »Maroparque«.

Öffnungszeiten

Mo – Fr: 11:00 – 17:00 Uhr
Sa, So: 11:00 – 18:00 Uhr

Eintritt

Erwachsene: 11,00 €
Kinder bis 12 Jahre: 5,50 €

Anreise

Camino Real La Cuesta 28
38710 Breña Alta

Tel.: +34 922 417 782
www.maroparque.es

BAJADA DE LA VIRGEN DE LAS NIEVES

Die Einwohner La Palmas litten im Jahr 1676 unter einer lang anhaltenden Dürre. Eine Missernte mit katastrophalen Folgen für die Bevölkerung drohte. In dieser Situation kam der Bischof Jiménez auf die Insel. Unter seiner Leitung machten die Menschen mit der Statue der Jungfrau Maria eine Prozession nach Santa Cruz de La Palma und baten um die Fürbitte der Gottesmutter. Bald darauf setzte der so dringend benötigte Regen ein und rettete die Bevölkerung La Palmas vor der drohenden Hungersnot.

Weihwasserbecken

Die Prozession wird in Erinnerung an dieses Wunder seit dem Jahr 1680 alle fünf Jahre wiederholt. Die »Bajada de la Virgen de las Nieves« (»Das Hinabtragen der Jungfrau vom Schnee«) ist das größte Fest der ganzen Insel.

Beginn der Feierlichkeiten ist Ende Juni / Anfang Juli mit der »kleinen Woche«, der Semana Chica. Eine Woche später folgt die Semana Grande, die »große Woche«. Sie dauert – trotz ihres Namens – nicht eine Woche, sondern einen ganzen Monat. Ein besonderes Spektakel unter den zahlreichen Veranstaltungen dieser Wochen ist der »Danza de los Enanos«. Als Zwerg mit Riesenkopf verkleidete Bürger begeistern mit dem Tanz der Zwerge Groß und Klein.

Fresken in der Wallfahrtskirche

Die eigentliche Prozession findet eine Woche nach Beginn der »großen Woche« statt. Hierzu wird das Portal der Wallfahrtskirche Santuario de la Virgen de las Nieves geöffnet und zwölf Männer tragen die Marienstatue auf einer Sänfte nach Santa Cruz hinab. Dort bringt man sie zunächst in die Iglesia de Encarnación, die »Kirche der Fleischwerdung«, dann in die Iglesia de El Salvador, die »Erlöserkirche«. Die Prozession erstreckt sich über sechs Kilometer. Währenddessen findet im Barranco de las Nieves der »Dialog zwischen Festung und Schiff« statt. Hierbei handelt es sich um Kanonenschüsse, die von der hier befindlichen Festung und dem Nachbau der Santa Maria aus abgegeben werden. Die Bajada endet einen Monat nach Beginn der Semana Grande mit der feierlichen Rückkehr Mariens in ihre Heimatkirche.

Statue des Bajada-Zwergs

Wer die Bajada einmal miterleben möchte, sollte seine Reise bereits weit im Voraus buchen, denn aufgrund des großen Andrangs sind die Unterkünfte und Flüge oft schon Monate im Voraus ausgebucht.

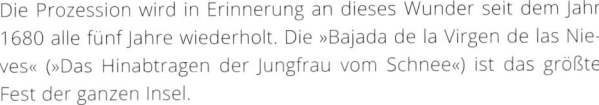

Bild l. Wallfahrtskirche Santuario de la Virgen de las Nieves

SAN JUAN DE PUNTALLANA

Puntallana liegt im bewölkten, feuchten, dafür aber auch sehr grünen Osten La Palmas. Hier wird Getreide – in erster Linie Weizen und Gerste – und Obst angebaut sowie Viehzucht betrieben. Bananen werden in den Küstenbereichen angebaut.

*Iglesia de
San Juan Bautista*

Besonders sehenswert ist die Iglesia de San Juan Bautista im Zentrum von Puntallana. Wie der Name schon sagt, wurde die Kirche Johannes dem Täufer gewidmet. Sie ist eine der ältesten Kirchen der ganzen Insel und ein gutes Beispiel für den Mudéjar-Stil und den kanarischen Barock. Seit 1994 zählt sie deshalb zum Kulturerbe. Den barocken Hochaltar aus vergoldetem Holz schmückt eine flämische Skulptur aus dem 16. Jahrhundert, die den Schutzheiligen des Ortes darstellt.

*Wanderung
▶ S. 152*

Der bei Puntallana gelegene Cubo de la Galga stellt eines der üppigsten Waldgebiete dar. Der Lorbeerwald besitzt z. B. mit dem endemischen Kanarenlorbeer oder dem Stinklorbeer eine einzigartige Flora. In La Galga findet sich außerdem eine gewaltige Schlucht, die vom Mirador de San Bartolomé bestens überblickt werden kann. Zu diesem gehört auch eine Wallfahrtskapelle, die Ermita de San Bartolomé.

VOLKSKUNDLICHES MUSEUM »CASA LUJÁN«

Öffnungszeiten

Mo – Fr: 10:00 – 13:00
u. 16:00 – 19:00 Uhr
Sa: 10:00 – 13:00 Uhr

Anreise

El Pósito 3
Tel.: +34 922 430 226

Das volkskundliche Museum befindet sich in dem alten, liebevoll restaurierten Herrenhaus Casa Luján aus dem 19. Jahrhundert. Das Museum beherbergt eine Ausstellung traditionellen kanarischen Kunsthandwerks. Dazu gehören Möbel aus Kiefern-, Kastanien- und Zedernholz, aber auch aus kubanischem Mahagoniholz. Doch auch andere Facetten des früheren Insellebens können hier besichtigt werden.

Wer möchte, kann vor Ort auch traditionelles kanarisches Kunsthandwerk oder Erzeugnisse der hiesigen Landwirtschaft erwerben.

Das Museum befindet sich in der Altstadt von Puntallana, in El Posito. Eine steile Straße führt vom Dorfzentrum aus hinab zur Casa Luján.

Bild r. Ruheplatz vor der Iglesia de San Juan Bautista

PLAYA DE NOGALES

Unterhalb Puntallanas liegt die Playa de Nogales, definitiv einer der schönsten Strände der ganzen Insel. Gewaltige, schroffe, grün bewachsene Felswände fassen die dunkelsandige Bucht ein. In Kombination mit der Meeresbrandung ergibt sich so eine wildromantische Kulisse. Die Playa de Nogales ist ca. 500 Meter lang, aber nur 20 bis 30 Meter breit. Direkt unter den Steilhängen überlagert Geröll den sonst sehr feinen Sand des Strandes.

vorgelagerter Fels im kristallklaren Wasser

Die hohen Felsen sorgen für Windschutz, zugleich werfen sie jedoch ab der Mittagszeit bereits einen langen Schatten, sodass der Strand nur vormittags von den Strahlen der Sonne erreicht wird.

Die starke Brandung macht den Strand bei Surfern sehr beliebt. Allerdings ist vom Schwimmen eher abzuraten, da der starke Wellengang, verschiedene Untiefen sowie gefährliche Strömungen durchaus bedrohlich werden können.

Man erreicht die Playa de Nogales von Puntallana aus über die an Bananenplantagen vorbei führende Küstenstraße. Wo die steile Abfahrt endet, liegt ein Parkplatz, von dem man zu Fuß zum Strand gelangt. Der Weg zum Strand dauert etwa 15 Minuten und führt über einen schmalen, steilen Pfad, der nach einiger Zeit in Stufen übergeht.

Höhleneingang auf dem Weg zur Playa

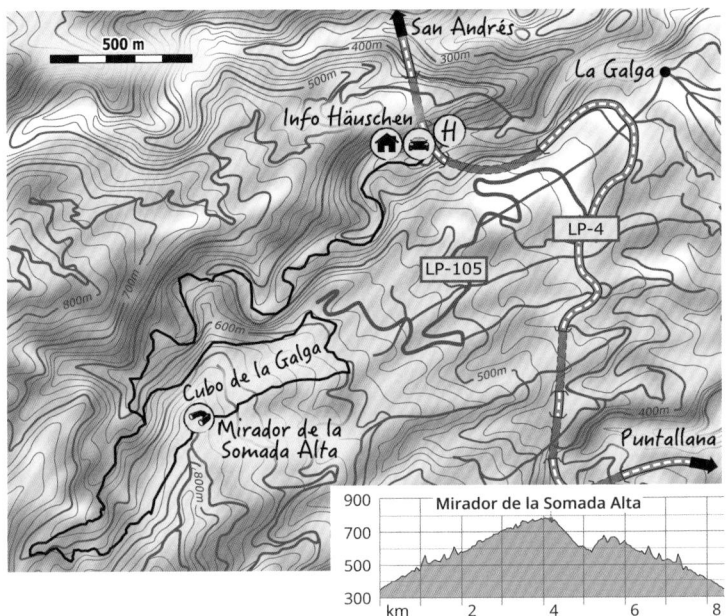

RUNDWANDERUNG »CUBO DE LA GALGA«

Ausgangs- und Endpunkt:
Kilometer 16 auf der Hauptstraße LP-1, Brücke über den Barranco de La Galga

Schwierigkeitsgrad: leicht

Dauer: 4 Std Gehzeit (ca. 8,5 km)

Höhenunterschiede: ca. 750 m

HINWEIS

Wasser und Proviant mitnehmen, es gibt auf der Strecke keinerlei Einkehrmöglichkeiten.

TOURENCHARAKTER

Die Rundwanderung ist eine der eindrucksvollsten Touren durch das Biosphärenreservat. Man wandert dabei durch den wunderschönen Barranco de la Galga und durch den Talkessel Cubo de la Galga. Beide sind mit dichtem Lorbeerwald bewachsen.

Auf schmalen Pfaden wandert man durch den Lorbeerwald, vorbei an Kletterpflanzen, Baumheide, Riesenfarnen sowie hohen, grün bewachsenen Felswänden.

Startpunkt der Wanderung ist die Hauptstraße LP-1, etwa einen Kilometer im Norden von La Galga, wo sich auch ein Parkplatz und ein Informationshäuschen befinden. An dem Häuschen führt links eine asphaltierte Straße vorbei und bergan durch den Barranco de la Galga (weiß-gelb, PR-LP 5.1). Nach etwa einen Kilometer hört der Asphalt auf. Das Tal wird kurz darauf enger und man wandert vorbei an Bäumen, Felswänden, Lianen und Farnen.

Nach ca. 40 Minuten kommt man an einer Gabelung vorbei, wenige Minuten danach erreicht man eine weitere Gabelung. An dieser biegt man scharf links auf einen Fahrweg ab. An dessen Ende kehrt man links auf den Wanderweg zurück und erreicht mit wenigen Schritten einen Wasserkanal und den Talkessel Cubo de la Galga.

Man geht nun unter dem Wasserkanal durch ein Tor hindurch. Nach einigen Metern kommt man zu einer Weggabelung, bei der man sich rechts hält (PR LP 5.1, weiß-gelbe Markierung).

Nun führt der Wanderweg leicht bergan. Man wandert mitten durch den Nebelwald. Nach nicht ganz 30 Minuten mündet der Weg in eine Forststraße, der man in rechter Richtung folgt.

Über Stufen und durch Holzgeländer gesichert führt der Weg bergan. Nach einiger Zeit wechselt man die Talseite und wenig später durch das Bachbett des Barranco de la Galga zurück. Der Pfad verbreitert sich und trifft auf eine Forstpiste, von hier folgt man der Beschilderung zum Mirador de la Somada Alta (PR LP 5.1, weiß-gelb). Bald darauf ist man auf der Kammhöhe und erreicht den Mirador de la Somada Alta.

Hier bietet sich ein herrlicher Ausblick auf den Cubo de la Galga, La Galga sowie auf die beiden Ortschaften San Andrés und Los Sauces.

Vom Mirador aus führt ein markierter Weg hinab Richtung La Galga. Nach ca. zehn Minuten erreicht man eine Betonstraße und folgt ihr nach links. Man passiert eine Wandertafel und erreicht nach einigen Minuten einen Camino. In diesen biegt man links ein und erreicht kurz darauf wieder eine Betonstraße.

Der PR LP 5.1 kreuzt nach ungefähr fünf Minuten eine breite Asphaltstraße, der man ebenfalls nach links folgt. Nach nicht ganz 50 Metern zweigt von ihr ein Weg scharf links ab. Über diesen gelangt man zu einem Camino, der nach rechts abzweigt. Dieser führt direkt auf die Straße, die einen wieder zurück zum Informationshäuschen bringt.

SAN ANDRÉS

San Andrés und Los Sauces bilden zusammen den Gemeindebezirk San Andrés y Sauces. Hier hören die Gemeinsamkeiten jedoch auch schon auf. San Andrés ist der weitaus ältere und schönere Teil der Gemeinde, bei dem es gelungen ist, den ursprünglichen Charme zu bewahren.

Das Zentrum des Ortes bildet die Plaza de San Andrés. Mit ihrem schönen Brunnen und den klassischen kanarischen Häusern sieht San Andrés wie das idealtypische kanarische Dorf aus. Die Stadtkirche, die Iglesia San André Apóstol, ist eine der ältesten Kirchen La Palmas.

*Iglesia
San Andrés Apóstol*

Traditionelle Häuser, Pflasterstraßen und prächtige Palmen erinnern an jene Zeit, als der Zuckerrohranbau noch florierte und mit ihm der Ort. Heute spielt dieser Zweig der Landwirtschaft beinahe keine Rolle mehr. Der Schwerpunkt liegt stärker auf dem Anbau von Bananen, Taro und Gemüse.

Nahe dem Ort liegt auch der kleine Fischerhafen Puerto de Espíndola, wo auch heute noch Rum aus dem einheimischen Zuckerrohr gebrannt wird.

Puerto de Espíndola

San Andrés mag auf den ersten Blick etwas verschlafen wirken. Doch der Schein trügt. In einer der wichtigsten und zugleich hübschesten Altstädte der Insel trifft man auf ein reges Treiben. Einen Besuch ist der Ort jedenfalls wert.

Bild r. Iglesia San Andrés Apóstol

CHARCO AZUL

An der Uferpromenade El Melonar, zwischen der Ortschaft San Andrés und dem kleinen Hafen Puerto Espíndola, befinden sich die Meerwasserschwimmbecken Piscinas del Charco Azul, was wörtlich übersetzt so viel bedeutet wie »Schwimmbecken der blauen Pfütze«. Die von Lavagestein umschlossenen Naturschwimmbäder setzen sich aus drei einzelnen Becken zusammen: einem großen Schwimmbecken, einem Kinderbecken sowie dem »Charco de las Damas« (»Pfütze der Damen«).

rote Krabbe

Diese sind vom offenen Meer durch Mauern abgegrenzt, an denen sich die starken Brandungswellen brechen und die Becken somit regelmäßig mit frischem Wasser versorgen.

Neben Liegeflächen mit Sonnenschirmen findet man hier auch ein Restaurant mit einer schönen Terrasse, einen Kinderspielplatz sowie sanitäre Anlagen und Umkleidekabinen. Auf den löchrigen Felsen kann man des Öfteren kleine schwarze und rote Krebse entdecken.

Die Badeanlage ist vom Ortszentrum San Andrés aus über die durch Bananenplantagen hindurchführende Küstenstraße Richtung Puerto Espíndola erreichbar. Neben einer Bananenpackerei gibt es eine Handvoll Parkplätze, von denen eine kleine Treppe zum Charco Azul hinabführt.

Bild o. ausgewaschenes Lavagestein, Bild r. Meerwasserschwimmbecken

BIOSPHÄRENRESERVAT LOS TILES

Im Nordosten La Palmas liegt einer der bedeutendsten Lorbeerwälder der Kanarischen Inseln. Die UNESCO erklärte das 511 Hektar
große Gebiet des »El Canal y los Tiles« bereits 1983 zum Weltbiosphärenreservat »Los Tiles«. Damit wurde der Lorbeerwald zum ersten
Biosphärenreservat der Kanarischen Inseln überhaupt. Mittlerweile
besitzen auch Lanzarote und El Hierro Biosphärenreservate.

La Palma-Buchfink

Die gesamte Insel La Palma ist inzwischen ein Weltbiosphärenreservat und trägt als solches den Namen »Reserva Mundial de la Bi-
osfera La Palma«. Den Kern dieses Biosphärenreservats bildet aber
nach wie vor Los Tiles.

*La Palmas grüne
Lunge:
Der Laurisilva*

Die große Pflanzen- und Tiervielfalt macht den Lorbeerwald besonders sehenswert. Hier wachsen nicht nur diverse Lorbeerarten wie
der Stinklorbeer (Til), der Kanaren-Lorbeer und der Indische Persea,
sondern auch der Gagelbaum, die Kanaren-Stechpalme, der Kanarische Erdbeerbaum sowie die Baumheide. Bemerkenswert ist der
Artenreichtum an Moosen, Farnen und Flechten. Verblüffend ist der
Wurzelnde Kettenfarn, der eine enorme Größe erreichen kann.

*Kanaren-
Waldbrettspiel*

Bei den Vögeln konnte der Buchfink auf La Palma eine eigene
Unterart ausbilden. Man erkennt ihn an seiner etwas dunkleren
Färbung. Weitere Vogelarten sind die Amsel, das Rotkehlchen sowie
der Zilp-Zalp. Daneben leben hier die Turqué-Taube und die seltene
Lorbeertaube, die ein etwas dunkleres Gefieder besitzt, keine weißen
Abzeichen hat und etwas größer als die Turqué-Taube ist.

Im Zentrum des Lorbeerwaldes liegt der Barranco del Agua, eine gewaltige, wildromantische Schlucht, deren Flussbett heute nur noch wenig Wasser führt. Steile Felswände, Geröll, Felsbrocken, Farne und Bäume machen die Wanderung durch den Barranco zu einem eindrucksvollen Erlebnis.

Eine weitere Wanderung führt durch das Quellengebiet »Marcos y Cordero«. Die Wanderung verläuft entlang eines Wasserkanals, durch zwölf, zu Beginn des 20. Jahrhunderts, in den Fels geschlagene Tunnel. Der längste Tunnel ist 400 Meter lang.

Farn-Knospe

wurzelnder Kettenfarn

Kontakt

Tel.: +34 922 451 246
E-Mail: info@lapalmabiosfera.es

Öffnungszeiten

Täglich: 9:00 – 17:30 Uhr

Anreise

Zum Informations- und Forschungszentrum gelangen Sie von Santa Cruz de La Palma aus über die LP-830 in Richtung Norden. In einer scharfen Rechtskurve kurz vor Los Sauces biegt links eine kleine Straße ab, die direkt zum Parkplatz des Zentrums führt.

INFORMATIONS- UND FORSCHUNGSZENTRUM »LOS TILES«

Das Centro de Investigación e Interpretación de Los Tiles befindet sich inmitten des Lorbeerwaldes. Untergebracht ist es in einem kleinen, mit roten Türen und Fenstern versehenen Gebäude, das im kanarischen Stil erbaut wurde und aus einem Haupt- und einem Nebenraum besteht. In ersterem finden sich Informationstafeln zur Geologie, Flora und Fauna der Region sowie ein Modell des Barranco del Agua. Anhand dieses Modells kann man ersehen, wo die Wanderwege in der Umgebung verlaufen. Im Nebenraum wird ein Film über den Lorbeerwald selbst gezeigt.

Das Zentrum verfügt über gepflegte sanitäre Anlagen und ein rustikales Restaurant sorgt für das leibliche Wohl. Einige hundert Meter vom Besucherzentrum entfernt befindet sich ein Parkplatz.

Bild r. der Barranco del Agua im Lorbeerwald

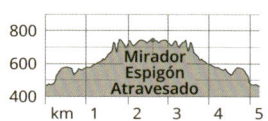

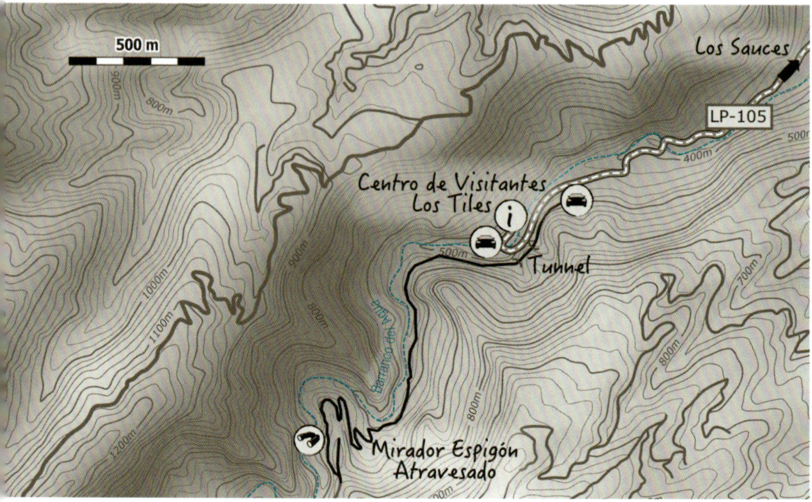
500 m
Los Sauces
LP-105
Centro de Visitantes
Los Tiles
Tunnel
Barranco del Agua
Mirador Espigón
Atravesado
900m
800m
1000m
1100m
1200m
500m
400m
700m

MONTE EL CANAL Y LOS TILOS

TOURENCHARAKTER

800
600
400
Mirador
Espigón
Atravesado
km 1 2 3 4 5

Leichte Wanderung auf der Forststraße »Monte El Canal y Los Tilos«. Besonders für Naturfreunde – aufgrund der vielfältigen Fauna – ein absolutes Muss.

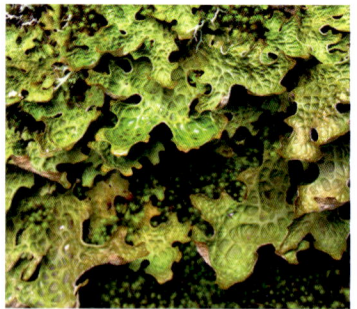

Ausgangs- und Endpunkt:
Abzweig der Forststraße am vorderen Parkplatz von Los Tilos

Schwierigkeitsgrad:
leicht, für Kinder geeignet

Dauer: 1,5 – 2 Std (ca. 5,2 km)

Höhenunterschied: Auf- und Abstieg jeweils ca. 400 m

Einkehrmöglichkeit:
Bar-Restaurant Los Tilos

Die Wanderung zum Aussichtspunkt Espigón Atravesado beginnt 500 Meter vor Los Tilos. Wir nehmen die von der bergauf führenden Straße abzweigende Forststraße (für den Verkehr gesperrt).

Nach ungefähr fünf Minuten durchquert man einen 100 Meter langen Tunnel und betritt einen wahren Pflanzendschungel: Lorbeerbäume, Kletterpflanzen, Farne, Rankengewächse.

Lorbeerwald von Los Tiles

Nach 30 Minuten passiert man ein Steinhaus. Die nun etwas steiler bergauf führende Forststraße trifft nach weiteren 30 Minuten eine Weggabelung.

Bild o. La Palma Buchfink
Bild u. Kettenfarn

Scharf links geht es eine Treppe mit Geländer hinauf zu dem Aussichtspunkt Espigón Atravesado. Hier hat man einen wunderbaren Ausblick über die grün bewachsenen Hänge des Barranco del Agua. Zurück geht es auf dem gleichen Weg.

PUERTO TALAVERA

Der Puerto Talavera ist ein kleiner, verlassener Hafen an der Nor-
dostküste von Barlovento. Er befindet sich auf einer kleinen, felsigen,
beinahe unzugänglich wirkenden Landzunge, die über einige, zum
Teil ebenfalls eingezäunte Plateaus verfügt. Diese sind über einfache
Holzstege miteinander verbunden.

Allerdings täuscht die etwas unscheinbare Erscheinung über die
Vergangenheit des Hafens hinweg. Einst war er ein wichtiges See-
handelszentrum. Noch bis weit ins 20. Jahrhundert hinein wurden
von hier Früchte verschifft.

Im Lavagestein wurden natürliche Räume zu Wohnhöhlen ausgebaut.
In der Nachbarschaft entstanden kleine, fragil wirkende Häuser.

Besonders an den Wochenenden begegnet man vielen Einheimischen, die zum Angeln hierher kommen. Kleine Steintreppen führen
an mehreren Stellen in das kristallklare Atlantikwasser hinein, das
hier sehr gut zum Schnorcheln geeignet ist.

Bild l., o. und r. Puerto Talavera

PUNTA CUMPLIDA

Die Punta Cumplida ist eine schroffe, felsige Landzunge an der Küste bei Barlovento, zu der man auf einem wunderschön angelegten, mit Geländern versehenen Weg hinabspazieren kann. Unterwegs passiert man mehrere Aussichtspunkte, die einen tollen Blick auf die steinige Küste und die bizarren Lavaformationen freigeben.

Auf der Landzunge befindet sich der Faro de Punta Cumplida, der erste und demnach älteste Leuchtturm La Palmas. Er wurde im Jahr 1867 erbaut und ist seitdem ohne Unterbrechung in Betrieb.

Faro de Punta Cumplida

Sein kegelförmiger Stamm ist schwarz, seine Kuppel weiß. Alle sieben Sekunden sendet die Lampe, die sich im Turm um ihre eigene Achse dreht, einen Lichtblitz aus. Dieser ist noch bis zu einer Entfernung von 70 bis 80 Seemeilen zu sehen. Früher hielten die Leuchtturmwärter Brieftauben, um mit der Außenwelt Kontakt zu halten. Einige der alten Schläge sind noch zu sehen.

Bild o. und r. Lavazungen an der Punta Cumplida

DIE NATURSCHWIMMBECKEN LA FAJANA

Wenige Kilometer von Barlovento und der Punta Cumplida entfernt, an der äußersten Nordostspitze La Palmas, befinden sich die Naturschwimmbecken Piscinas de La Fajana.

Sie sind mit Betonmauern vor der starken Brandung geschützt und bieten im Sommer eine kühle, natürliche Erfrischung. Die Wellen, die sich an den Mauern brechen, versorgen die Becken stets mit frischem Meerwasser. Im Winter dagegen kann man hier aufgrund der heftigen Brandung und der starken Winde nicht baden.

Da nur wenige Touristen ihren Weg in den grünen, abgeschiedenen Norden finden, kann man beim Baden in den drei Meereswasserschwimmbecken oftmals absolute Ruhe genießen.

Die Anlage verfügt über Liegeflächen, Sonnenschirme, einen Kiosk sowie Umkleidekabinen und sanitäre Anlagen. Ein Restaurant mit einer an César Manrique angelehnten Architektur wartet auf Gäste.

Bild l. und o. Piscinas de La Fajana

BARLOVENTO

Nebelwald

Das im Nordosten der Insel gelegene Barlovento liegt damit direkt in der Front der vom Atlantik herziehenden Passatwinde. »Barlovento« bedeutet zu Deutsch »starker Wind«. Der starke Wind und der mit ihm verbundene häufige Regen sind die Ursache für die üppige Vegetation der Region. Barlovento selbst eignet sich sehr gut als Ausgangspunkt für Wanderungen durch die umliegenden Nebelwälder.

Die Einwohner des auf 550 Metern gelegenen Ortes leben größtenteils von der Landwirtschaft. Der Höhepunkt des Jahres in Barlovento ist sicherlich, wenn vor vielen Besuchern die »Schlacht von Lepanto« nachgespielt wird, die allerdings nicht hier, sondern im Mittelmeer stattfand. Abgesehen davon ist Barlovento weitgehend vom Tourismus verschont geblieben.

An einem Vulkankrater liegt das Naherholungsgebiet »Laguna«. Aber auch »La Fajana«, ein Naturschwimmbecken, gilt als Geheimtipp. Betonwände sichern hier natürliche Buchten gegen die Brandung. Auf diese Weise kann man trotz Brandung quasi direkt im Meer baden. Das Naturschwimmbecken bietet zudem Liegeflächen, Sonnenschirme sowie sanitäre Anlagen.

Bild o. Laguna de Barlovento, Bild r. Kirche von Barlovento

2 km

Piscina la Fajana
Punta la Fajana
Punta Cumplida
Puerto Talavera
Faro
BARLOVENTO
La Cuesta
La Verada
El Cardal
LP-104
Las Llanadas
La Galga 437
La Galga
San Juan
Garachico
Llano Molino
Cruz Herrera El Topo
Bermudez
Cubo de la Galga
Los Camachos
Los Sauces
LP-107
Los Tiles
Pico de Barlovento 796
Mirador La Tosca
La Palmita
LP-1
LP-111
Cumbre de los Andeu
Franceses
Gallegos
Los Camachos
Prois de Gallegos
Punta de Topaciegos
Punta Gaviota
El Fajana
Barranco Fagundo
Pico de la Tapaguera 781
Casas Roque Faro
LP-1032
Roque de los Muchachos 2426
Prois de Don Pedro
Roque de los Gallos
El Tablado
Don Pedro
Montaña de Garafía
Laguna de Garafía 989
Montaña Barbuda 1340
Las Moradas 2026
Punta de Juan Adalid
Punta de la Manga
Juan Adalid
Montaña de las Maras 955
La Zarza y La Zarcita
LP-113
Cubo la Zarza
El Roque
El Palmar
El Mudo
Santo Domingo de Garafía
Llano Negro
Hoya Grande
LP-1
LP-111
Templo Parroquial de Nuestra Señora de la Luz
Villa de Garafía
LP-112
Cueva del Agua
Trichas 1209
Los Guinchos
Petroglyphen
Puerto de Garafía
LP-114
El Castillo
Las Tricias
Punta Los Remolinos
Punta Grande
Caleta la Zarcita

VON BARLOVENTO BIS GARAFÍA

Tiefe Schluchten, üppig bewachsene Hänge, eine schroffe Steilküste und kleine, verschlafene Örtchen prägen das Landschaftsbild des nördlichen Inselteils, der sich von Barlovento im Osten bis nach Santo Domingo de Garafía im Westen erstreckt.

Bis heute ist der Tourismus hier noch nicht wirklich angekommen, was die Region zu einem beliebten Gebiet für Wanderer und Naturliebhaber macht. Zahlreiche Wanderrouten führen durch die wildromantische, unberührte Landschaft. Aufgrund der dünnen Besiedelung und der relativ häufigen Regenschauer wandelt man hier auf Pfaden, die mitten durch eine reiche, vielfältige Flora führen. Unterwegs erhält man von verschiedenen Aussichtspunkten immer wieder wunderbare Blicke auf die umliegenden Täler und Berge sowie auf die traumhafte Nordküste.

Das Dorf El Tablado

Alte, zum Teil verlassene, kanarische Häuschen stehen dicht aneinander gedrängt auf einsamen Bergrücken und bieten einen Einblick in das ländliche Leben der Einheimischen.

Ob einsame, verfallene Ruinen ehemaliger Hafenanlagen, jahrhundertealte Felsgravuren, ursprüngliche Ortschaften oder die abwechslungsreiche Natur – hier finden sich zahlreiche sehenswerte Fleckchen.

Die Petroglyphen von La Zarza

FRANCESES

Der Ort Franceses zählt zur Gemeinde Garafía. Es handelt sich bei ihm um eine Streusiedlung ohne Ortskern, die sich aus den Ortsteilen La Tierra, Los Machines und Los Castros zusammensetzt.

Franceses ist eingebettet in viele stark bewaldete Hänge. Wer sich fernab der Touristenströme in Ruhe erholen will, findet hier den perfekten Ort.

Der Aussichtspunkt in Franceses bietet einen wundervollen Panoramablick über die spektakuläre Steilküste mit ihrer starken Brandung und den zahlreichen Schluchten.

Franceses

GALLEGOS

Alte Steinhäuser, bunte Obst- und Gemüsegärten sowie kleine Fincas prägen das Erscheinungsbild des beschaulichen Dorfes Gallegos. Der kleine Ort verfügt außerdem über eine Bar sowie eine Bushaltestelle.

Gallegos wird von einer steilen Dorfstraße durchzogen. Von dieser zweigen verschiedene kleine Gässchen ab, die zu mehreren Wanderwegen hinabführen. Eine der beliebtesten Wanderrouten der Region ist die Route von Barlovento nach Gallegos. Auf der Strecke wird man mit wunderschönen Aussichten auf die Nordküste La Palmas belohnt.

Gallegos

EL TABLADO UND
MIRADOR BARRANCO FAGUNDO

Blick auf den Grund der Schlucht

Die kleine, malerische Ortschaft El Tablado liegt eingebettet zwischen den gewaltigen Barrancos Fagundo und de los Hombres auf einem hohen Bergsattel direkt an der steilen Nordküste La Palmas. Hier findet sich nur eine Handvoll Häuser, die im kanarischen Stil errichtet wurden und dicht aneinander stehen.

Um nach El Tablado zu gelangen, folgt man der Landstraße, die von Barlovento nach Garafía führt. An einer Abzweigung biegt man auf die Dorfstraße des Ortes, die sich schmal und kurvenreich den Hang hinabschlängelt.

Am Ortseingang befindet sich linker Hand der Mirador Barranco Fagundo, angekündigt durch ein bunt bemaltes Schild mit blauen Buchstaben. Die Plattform gibt einen tollen Blick in den gleichnamigen Barranco Fagundo, die wohl spektakulärste Schlucht La Palmas, frei. Seine grün bewachsenen Hänge und das azurblaue Meer bilden ein wunderbares Panorama.

Wanderungen
▶ ab S. 120

Durch die Schlucht verläuft eine anspruchsvolle Wanderroute, als deren Ausgangspunkt der Mirador Barranco Fagundo dient.

Bild o. Mirador Barranco Fagundo, Bild r. der Ort El Tablado

EL FAJANA

Die Siedlung El Fajana befindet sich im Zentrum von La Palmas Nordküste am Ausläufer des Barranco de los Hombres. Von Franceses aus führt nur eine schmale, einspurige und wildromantische Piste dorthin, die dank der Unberührtheit der Gegend eine beeindruckende und üppige Flora beheimatet.

Einige wenige Bananenpflanzen und eine Handvoll Häuser prägen das Ortsbild. Letztere sind allerdings meist nur am Wochenende bewohnt. Hin und wieder kampieren hier auch Hippies.

Unter der eindrucksvollen Steilküste liegt ein wunderschöner kleiner Strandabschnitt, der ebenfalls von ein paar Bananenstauden sowie einigen Schatten spendenden Bäumen bewachsen ist. Läuft man von hier aus ein kleines Stück nach rechts, stößt man auf alte, verlassene Hausruinen, die einst auf den steilen Felsen errichtet worden waren. Hier befand sich in der Vergangenheit eine kleine Hafenanlegestelle. Man erhält einen traumhaften Blick auf die Küste und die im Meer gelegenen Felsen, um die eine wilde Brandung tobt. Selbige macht das Baden zu einem lebensgefährlichen Unterfangen, weshalb davon dringendst abzuraten ist.

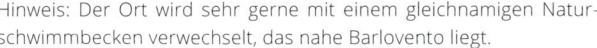

Hinweis: Der Ort wird sehr gerne mit einem gleichnamigen Naturschwimmbecken verwechselt, das nahe Barlovento liegt.

Bilder: das Geisterdorf El Fajana

DIE PETROGLYPHEN

Zu der Zeit, als die Spanier die Kanarischen Inseln eroberten, kannten die Einheimischen noch keine Schrift. Jedoch entdeckte man zahlreiche Felsen mit Zeichnungen, Gravuren und Symbolen, welche mit spitzem Stein eingeritzt oder eingemeißelt worden waren. Diese Felsritzzeichnungen werden als Petroglyphen bezeichnet.

La Palma beheimatet die meisten Fundorte dieser Art. Die ersten Petroglyphen des gesamten Kanarischen Archipels fand man in der Cueva Belmaco bei Mazo. Dieser Höhlenkomplex besteht aus zehn Höhlen, die einst als Häuser gedient hatten.

Rund 50 Fundstellen können auf La Palma gezählt werden, von denen die meisten im Nordwesten der Insel liegen. Neben der Cueva Belmaco sind auch die Felsgravuren La Fajana bei El Paso sowie der Kulturpark »La Zarza y La Zarcita« sehr bekannt. Letzterer liegt zwischen den beiden Schluchten La Mata und Hoyo Negro und zählt zu den bestbesuchten Orten der gesamten Insel.

Die Petroglyphen sind meist spiral- oder mäanderförmig, können aber auch aus einfachen Kreisen, Linien oder Ovalen bestehen. Ihre genaue Bedeutung bleibt ein Mythos. Allerdings wird vermutet, dass sie religiösen Zwecken dienten wie der Verehrung der Sonne, des Mondes oder des Wassers. Besonders die letztere Annahme scheint naheliegend, da sich viele der Fundorte in unmittelbarer Nähe zu Quellen befinden. Häufig vergleicht man die Felsritzzeichnungen La Palmas mit ähnlichen Funden aus Nordafrika oder der Bretagne.

Bilder: Die Petroglyphen von La Zarza y La Zarcita

KULTURPARK – LA ZARZA Y LA ZARCITA

Die Petroglyphen von La Zarza und La Zarcita wurden erst im Jahr 1941 entdeckt. Der heutige Kulturpark zählt zu den bekanntesten Fundstätten des gesamten Kanarischen Archipels und befindet sich wenige Kilometer südöstlich von Garafía, inmitten eines feuchten Lorbeer- und Pinienwaldes.

Der Kulturpark verfügt über ein Besucherzentrum, das umfangreiche Informationen über das Leben der Guanchen und die Petroglyphen bereithält.
Die Steinzeichnungen von La Zarza y La Zarcita sind größtenteils kreis-, mäander- und spiralförmig oder bestehen aus einfachen Linien. Sie wurden mit spitzen Steinen in den Fels geritzt. Welche Bedeutung sie für die kanarischen Ureinwohner hatten, ist bis auf den heutigen Tag unklar.

Öffnungszeiten

Winter:
Di – So: 11:00 – 17:00 Uhr
Sommer:
Di – So: 11:00 – 19:00 Uhr

Eintritt

2 € pro Person

Hinweis

Es werden auch Führungen angeboten.

Anreise

c/La Mata s/n
38757 Villa de Garafía

Tel.: +34 922 695 005
E-Mail:
pclazarza@hotmail.com

LP-1 von Garafía nach Barlovento. Nach der Abzweigung Richtung San Antonio del Monte sieht man den Kulturpark bereits einen Kilometer später, rechts von der Straße gelegen.

Ein etwa halbstündiger Rundweg führt zur Quelle Fuente de la Zarza. An der Felswand hinter der Quelle sind die ersten Zeichnungen mit wellen-, spiralen- und labyrinthartigen Mustern erkennbar. Die Fundstätte La Zarcita ist nur fünf Minuten entfernt. Neben den erwähnten Linienzeichnungen finden sich hier auch Felsen mit figürlichen Darstellungen.

Bilder: die Petroglyphen von La Zarza

SANTO DOMINGO DE GARAFÍA

Die Zeit scheint in dem verschlafenen Hauptort der Gemeinde Garafía stehen geblieben zu sein. Aufgrund ihrer isolierten Lage mit schlechter Verkehrsanbindung und geringen Arbeitsmöglichkeiten hatte die Ortschaft in den letzten Jahrzehnten mit einem hohen Bevölkerungsrückgang zu kämpfen. Von den 1950 noch knapp 5.000 Einwohnern leben in der Gemeinde inzwischen nur noch ca. 2.000, in Santo Domingo de Garafía selbst etwa noch 500.

gepflasterte Gasse in Garafía

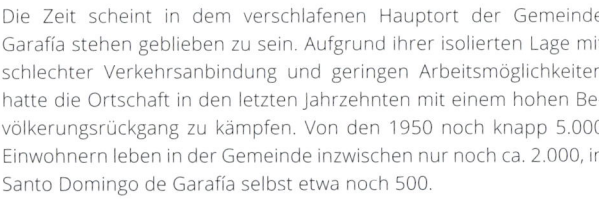

Heute ist der Ort in die zeitgemäße Infrastruktur der Insel eingebunden und einen Besuch wert.

Gofio-Mühle

Öffnungszeiten

Mo – Fr: 10:00 – 17:00 Uhr
Sa: 10:00 – 14:00 Uhr

Anreise

Casa de la Cultura de Santo Domingo
Tel.: +34 922 400 029

VÖLKERKUNDEMUSEUM »VILLA DE GARAFÍA«

Das Völkerkundemuseum des Ortes bietet Einblicke in das ländliche Leben der hiesigen Bevölkerung. Neben der überlieferten Landwirtschaft kann man sich hier auch über die Bräuche und Sitten der Menschen von La Palma kundig machen.

Bild o. Fincas bei Garafía, Bild r. Dorfbild von Garafía

Das soziale Zentrum des Ortes bildet der kleine Dorfplatz mit seiner Kirche, den Bars und malerischen Häusern. Die Dorfkirche »Templo Parroquial de Nuestra Señora de la Luz« stammt aus dem frühen 16. Jahrhundert. Im Inneren ist sie mit einer im Mudéjar-Stil verzierten Decke und mehreren volkstümlichen Skulpturen geschmückt.

Daneben besitzt Garafía ein kleines Völkerkundemuseum. In der »Casa de la Cultura«, einem restaurierten Herrenhaus am Ortseingang kann man sich über die Agrargeschichte und Kultur der Insel informieren.

Kirchendecke im Mudéjar-Stil

Auch bei Garafia kann man Steinritzzeichnungen besichtigen. In der Nähe des Friedhofes befindet sich das Petroglyphenfeld El Calvario. Dazu einfach der direkt hinter dem Friedhof liegenden Straße in Richtung früheren Hafen folgen.

Petroglyphenfeld El Calvario

Im Hafen selbst, dem Puerto de Garafía, findet sich auch eine kleine Attraktion. Spektakulär ragt dort der Roque de Santo Domingo etwa 30 Meter aus dem Meer in die Höhe. Die Umgebung eignet sich für ausgiebige Wanderungen durch eine wildromantische Natur.

Vom Massentourismus blieb Santo Domingo bis heute verschont, obwohl die Umgebung eine so unglaubliche Abwechslung und Vielfalt bietet, dass man nur ins Staunen geraten kann.

PUERTO DE GARAFÍA

Auf einer steilen Straße gelangt man vom Fußballplatz von Santo Domingo de Garafía zum einstigen Hafen des Ortes, dem Puerto de Garafía, der am Ausgang des Barrancos de Fernando Porto liegt. Bis Mitte des 20. Jahrhunderts war der kleine Hafen Garafías Tor zur Welt. Fast alle Waren kamen über ihn von bzw. nach Garafía. Erschwert wurden die Transporte allerdings durch den Umstand, dass bei rauer See das Be- und Entladen der Boote nicht möglich war. Nach Anbindung Garafías (ab 1960) an das Hauptstraßennetz verlor der Hafen mehr und mehr seine Bedeutung. Die Hafenanlagen verfielen mit der Zeit und ihre Überbleibsel bilden heute eine ganz eigene, wunderschöne Szenerie.

Auf dem Weg zum Hafen kommt man an verschiedenen Aussichtspunkten vorbei, die einige grandiose Ausblicke auf die Küste und auf die Nachbarinseln freigeben.

Etwas dem Ufer vorgelagert, ragt auf spektakuläre Weise der Roque de Santo Domingo etwa 30 Meter aus den Wellen. Er bildet mit zwei weiteren Felseninseln die wellenumtosten »Los Guinchos«.

Wohnung im alten Hafen

Bizarre Lavaformationen, verlassene Wohnhöhlen, die imposante Steilküste und die unberührte Natur machen die Küste Garafías speziell für Wanderer und Naturliebhaber zu einem geradezu idealen Ort.

Bild o. Roque de Santo Domingo, Bild r. Reste der eingestürzten Hafenmauer

DURCH BARRANCOS UND LORBEERWÄLDER

Die ehemalige Verbindungsstraße LP-111 verläuft von Barlovento Richtung Garafía und trifft in der Nähe des Weilers Roque Faro auf die neue Verbindungsstraße LP-1. Sie schlängelt sich durch dichte Waldgebiete hindurch, an tiefen Barrancos vorbei und über steile Gebirgshänge, die immer wieder tolle Aussichten auf die Umgebung freigeben.

Tunnel

Bei wolkenlosem Himmel und klarer Sicht ist die abenteuerliche Fahrt über die schmale, einspurige Straße besonders spektakulär.

Unterwegs passiert man einige alte in den Fels geschlagene Tunnel, die nicht beleuchtet und sehr eng sind sowie mehrere Quellen. Mitten im Lorbeerwald findet sich beispielsweise die Fuente de las Mimbreras. Dort kann man an dem beliebten Grill- und Rastplatz eine gemütliche Picknickpause einlegen.

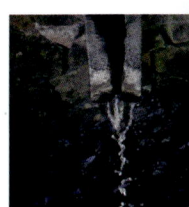
Fuente de las Mimbreras

Es lohnt sich auch ein Abstecher in den Lorbeerwald hinein. Von der alten Straße zweigen immer wieder schmale, verwucherte Pfade ab, die streckenweise von einigen schiefen Steinstufen unterbrochen werden und ausschließlich zu Fuß begangen werden können. Zwischen den dichten Lorbeergewächsen wird man an kleinen, bewachsenen Steinmäuerchen, weiteren Quellen, Riesenfarnen und Baumheide vorbeigeführt.
Die alte Verbindungsstraße führt am Barranco de Gallegos mit seinen senkrecht aufragenden, grünbewachsenen Felswänden vorbei.

Barranco de Gallegos

Bild l. Vegetation des Nebelwalds, Bild o. Quelle am Wegesrand

2 km

Templo Parroquial de
Nuestra Señora de la Luz

Los Guinchos

Santo Domingo
de Garafía

Puerto
de Garafía

Villa de Garafía

Petroglyphen

Montaña
de las Varas
955

LP-112

Laguna de Garafía
969

Pico de
la Tapaguera
781

Prois de Lomada Grande

Costa de Triana

Montaña La Berrera
1005

LP-114

La Zarza
y La Zarcita

Cuevas de Buracas

Punta Gutiérrez

Vaqueros
1154

La Virgen del Carmen

LP-1

Montaña Barbuda
1348

Matos
503

Iglesia de San
Mauro Abad

PUNTAGORDA

LP-113

Montaña
El Jable
740

Tricias
1209

LP-111

Las Moradas
2028

LP-1032

Mirador de Garome

Puerto
de Puntagorda

Playa de Camariño

Roque de los Muchachos
2426

Roque Chico
2372

El Roque

Roque Palmero
2310

Morro Pinos Gachos
2179

Parque Nac
Caldera d·
Taburient

Playa de la Veta

Tabladitos
1516

Montaña Bermeja
1603

Somada Alta
1926

Roque Salvaje
1052

LP-1

Roque Idafe
803

Playa de las Vinagreras

Iglesia de Nuestra Señora
de la Candelaria

TIJARAFE

Los Brecitos
1030

Piratenbucht

Forado
531

Playa del Jurado

Hoya Grande
1387

Pico Bejenado
1857

La
12

Cueva Bonita

El Roque

El Agujerito

Punta de Moro

Time
894

Museo Arqueológico
Benahoarita

Mirador del Time

LOS LLANOS DE ARIDANE

Nuestra Señora
de los Remedios

EL PASO

Museo del Plátano

Playa de Tazacorte

TAZACORTE

Puerto de
Tazacorte

San Borondón

La Laguna

VON GARAFÍA BIS LOS LLANOS

Der Nordwesten La Palmas zeichnet sich durch eine felsige Steilküste, tiefe, grüne Barrancos, das üppig bewachsene Aridanetal, eine wunderschöne Mittelgebirgslandschaft, idyllische Wanderwege, zum Teil auf hohen Bergrücken gelegene Ortschaften sowie einige Aussichtspunkte, die fantastische Blicke auf die Westküste und das Umland freigeben, aus.

Während die Region zwischen Tijarafe und Los Llanos noch relativ dicht besiedelt ist, kann man in dem weniger bewohnten Gebiet zwischen Puntagorda und Garafía auf den Spuren der Guanchen wandeln und alte, zwischen Drachenbaumhainen gelegene Felshöhlen besichtigen.

*Drachenbaum am
Mirador de Garome*

An der wilden Atlantikküste findet man Sehenswürdigkeiten wie die Piratenbucht, in der einige, am Wochenende bewohnte, Häuser liegen, oder die in der Nähe gelegene Cueva Bonita, die jedoch ausschließlich über das Wasser erreicht werden kann. Von Tazacorte aus gibt es regelmäßig Bootstouren zu beiden Zielen.

Zwei bei Badegästen beliebte, schwarzsandige Strände, die Playa del Puerto und die Playa Grande, liegen in Puerto de Tazacorte. Sie sind in jedem Fall einen Besuch wert.

Die Piratenbucht

LAS TRICIAS

Nördlich des Barranco de Izcagua, welcher die beiden Gemeinden Puntagorda und Garafía trennt, zieht sich die kleine Siedlung Las Tricias am Hang des gleichnamigen Berges (Tricias) entlang. Das Ortszentrum wird von der hübschen Wallfahrtskapelle La Virgen del Carmen geprägt. Dahinter befindet sich eine Bar mit einem alten Krämerladen.

Kanarisches Landhaus

Die Vorgärten der typisch kanarischen Häuser dieser Gegend werden von Orangenhainen, Zitronen- und Avocadobäumen geschmückt. Dank der sonnigen Lage gedeihen die Pflanzen hier sehr gut. Die Einwohner leben hauptsächlich von Mandelplantagen, Weinanbau und der Ziegenhaltung. Die Mandelblüten tauchen den Ort im Februar und März in ein wunderbares Rosa.

Etwas unterhalb des Ortes, in Buracas, findet man nahe einer Höhlenfundstätte einen Drachenbaumhain mit über 100 Jahre alten Drachenbäumen. In den sogenannten Cuevas de Buracas hausten früher die Ureinwohner La Palmas und hinterließen einige sehenswerte Steinzeichnungen. Eine charakteristische Windmühle in Buracas weist den Weg zu den versteckten Höhlen, in denen auch heute vereinzelt Aussteiger leben.

Die Cuevas de Buracas

Die Region hier ist sehr gut zum Wandern geeignet. Die Vielfalt und Schönheit der Natur sowie die Ruhe sprechen für sich.

Bild l. Finca im kanarischen Stil, Bild o. Mandelblüten

DURCH DIE LÄNDLICHE EINSAMKEIT LA PALMAS

Weinstöcke am Wegesrand

Die ehemalige Verbindungsstraße LP-111 wurde inzwischen weitestgehend von der neuen Verbindungsstraße LP-1 abgelöst, welche um die gesamte Insel herumführt. Allerdings bestehen manche Streckenabschnitte der LP-111 noch heute.

Folgt man der LP-1 von Tijarafe in Richtung Puntagorda, zweigt bei der Ortschaft Tinizara, etwa zwei Kilometer südlich von Puntagorda, rechts die schmale, alte LP-111 ab. In zahlreichen Kurven verläuft sie in nordöstlicher Richtung und mündet wenige Kilometer östlich von Las Tricias wieder in die LP-1, die von dort aus weiter nach Barlovento führt.

Auf dieser Strecke fährt man durch eine unberührte Natur, die geprägt ist von grünen Hängen, zahllosen Mandelbäumen und Weinreben sowie vereinzelten Kanarischen Kiefern. Mitunter kommt man auch an einer alten Finca oder einem kleinen Steinhäuschen vorbei, die von kleinen, meist verwilderten Gärten eingerahmt sind. Von manchen Häuschen sind nur noch Ruinen vorhanden, andere dagegen wurden liebevoll renoviert und haben so etwas von ihrem ursprünglichen Glanz zurückgewonnen. Besonders bei Sonnenuntergang bietet sich auf der malerisch gelegenen früheren Verbindungsstraße eine herrliche Kulisse, da die Landschaft dann in das warme Sonnenlicht getaucht wird.

Mandeln

Bild o. Sonnenuntergang zwischen Mandelbäumen, Bild r. alte Finca mit Weinpresse

PUNTAGORDA

Im Nordwesten La Palmas, zwischen Tijarafe und Garafía, liegt Puntagorda. Der schöne, auf ca. 600 Metern gelegene Ort ist im Sommer meist trocken und wolkenfrei. Lediglich in den Wintermonaten kann mitunter Regen fallen.

Die agrarisch geprägte Gegend ist nur wenig besiedelt. Die Bewohner der Region leben in erster Linie vom Anbau von Mandeln, Obst, Getreide und Blumen. Die Mandelblüte verleiht Puntagorda im Februar und März eine ganz eigene Atmosphäre. Die Gärten und Terrassen der charakteristisch kanarischen Häuser werden in rosa Blütenwolken gehüllt. In dieser Zeit veranstalten die Einwohner auch die zwei Tage dauernde Fiesta del Almendro en Flor, das Mandelblütenfest, zu dem es Wein, geröstete Mandeln und viel Musik gibt.

Mandelblüte

**Bauernmarkt/
Flohmarkt im
Ortsteil El Fayal**
Sa: 15:00 – 19:00
Uhr, So: 10:00 –
15:00 Uhr

Doch hat Puntagorda nicht nur eine wunderbare Natur zu bieten. Daneben überzeugt der Ort mit seiner schönen ländlichen Architektur. Die aus dem 16. Jahrhundert stammende Iglesia de San Mauro Abad ist von besonderem architektonischen Wert. Nach der Ankunft der Spanier ließen sich die ersten Siedler in San Mauro nieder und errichteten hier die gleichnamige Pfarrkirche. Die Kirche ist aufgrund ihrer wertvollen Gemälde und Skulpturen heute denkmalgeschützt.

Puntagorda besteht aus vier Ortsteilen: Fagundo, El Pinar, El Roque und El Pueblo. El Pinar und El Roque sind die Heimat zweier alter Windmühlen. Zudem kann man das im Kiefernwald gelegene El Fayal besuchen. Hier hat man Sport- und Freizeitmöglichkeiten, einen Kinderspielplatz und mehrere Grillplätze.

*Kiefernwald bei
El Fayal*

Bild l. verfallene Finca gegenüber der Iglesia de San Mauro Abad

PUERTO DE PUNTAGORDA

Unterhalb der Ortschaft Puntagorda liegt der Puerto de Puntagorda. Über einen Felshang führen mehrere Hundert Stufen zur Küste. Dabei passiert man einige in den Fels hineingebaute Häuser, wobei man allerdings oft nur Türen und Fenster sehen kann – ein wirklich bizarres Bild! Bewohnt sind sie jedoch nur während der Sommermonate.

In den Meerwasserbecken lassen sich kleine Fische beobachten

Der Puerto ist eine kleine Anlegestelle. Ein Hafen im eigentlichen Sinne ist es nicht. Hier befinden sich auch eine Badestelle und ein kleines Meereswasserschwimmbecken. Dies sind die eigentlichen Attraktionen des »Hafens«. Aufgrund der starken Brandung ist Schwimmen hier aber nur bei ruhigem Seegang angenehm.

Zumindest ein Sonnenbad ist inmitten der spektakulären Kulisse mit den schwarzen Lavafelsen und dem starken Wellengang immer möglich. Auch wenn das auf 600 Metern gelegene Puntagorda gelegentlich einmal im Nebel liegt, scheint hier noch meistens die Sonne.

Klippen am Hafen

Bild l. Puerto de Puntagorda, Bild o. Meerwasserbecken

MIRADOR DE GAROME

Der Barranco de Garome trennt die beiden Gemeinden Puntagorda und Tijarafe. Vom leicht zu erreichenden Aussichtspunkt aus hat man einen herrlichen Ausblick auf den dicht bewachsenen Barranco.

Malerisch eingebettet zwischen Orangen- und Mandelhainen liegen kleine Bauernhäuser mit Ziegeldächern.

Am Mirador selbst steht ein sehr alter Drachenbaum, der als der älteste seiner Art auf ganz La Palma gilt. Ursprünglich waren es zwei

Bauernhaus am Mirador

alte, wie Zwillinge nebeneinanderstehende Drachenbäume, die das Wahrzeichen von Puntagorda bildeten. Ein Sturm im Jahr 1993 riss einen Baum um. Der noch stehende Baum braucht seitdem eine Mauer als Stütze. Wo früher der zweite Baum stand, wurden inzwischen neue Drachenbäume gepflanzt.

Bild o. Mirador de Garome, Bild r. der alte Drachenbaum am Aussichtspunkt

TIJARAFE

Der kleine Ort Tijarafe liegt zwischen den beiden beeindruckenden Barrancos de Las Angustias und de Garome im Nordwesten der Insel und ist umgeben von Mandelbäumen und weitläufigen Weinfeldern.

Blick über die Dächer von Tijarafe

Sehenswert sind die denkmalgeschützte Ermita del Buen Jesús und die Iglesia de Nuestra Señora de la Candelaria im Ortszentrum. In letzterer findet man eine Statue der Schutzheiligen der Insel. Der Hochaltar der Kirche wird einem spanischen Bildhauer aus dem 16. Jahrhundert zugeschrieben, der ihn mit Holzschnitzereien der Apostel und verschiedenen Gemälden mit Darstellungen der Rosenkranzspiele verziert hatte.

In der Casa del Maestro, einem kleinen Museum, das in einer ehemaligen Grundschule eingerichtet wurde, sind Exponate zum Leben der früheren Einwohner und dem traditionellen Kunsthandwerk ausgestellt.

Hochaltar

Die bei Tijarafe steil zum Meer hin abfallende Felsküste mit ihren wunderschönen Buchten ist ebenfalls einen Abstecher wert.

Bild l. Iglesia de Nuestra Señora de La Candelaria, Bild o. kunstvoll gearbeitete Kirchendecke

DIE PIRATENBUCHT

Die Piratenbucht oder Porís de Candelaria liegt in der Nähe der Cueva Bonita. Versteckt und gut geschützt befindet sie sich unter einem gewaltigen Felsüberhang. Rund 20 kleine weiße Steinhäuser wurden zwischen den Felsen errichtet. Ihren Namen verdankt die Bucht dem Umstand, dass hier früher angeblich Piraten und Schmuggler hausten. Heute werden die einfachen Häuschen hauptsächlich am Wochenende von einheimischen Fischern genutzt. Es besteht auch die Möglichkeit, eins der Häuser als Feriendomizil zu mieten.

Vor allem in den Nachmittagsstunden hat man einen sehr schönen Blick in die Bucht, wenn sogar die verstecktesten Winkel von den Sonnenstrahlen ausgeleuchtet werden. Die tolle Kulisse lässt sich auf einer Bootstour vom Puerto de Tazacorte aus besonders gut bewundern.

Pfad zur Piraten-
bucht

Im kristallklaren Wasser der Bucht kann man wunderbar baden. Schmale Steintreppen führen von den kleinen Häusern ins Meer. Allerdings gibt es hier weder sanitäre Anlagen noch sonstige Versorgungsmöglichkeiten.

rote Krabbe

Bild o. Blick vom Meer in die Piratenbucht
Bild r. Ausblick aufs Meer

WEGBESCHREIBUNG ZUR PIRATENBUCHT

ANFAHRT

Folgt man der LP-1 von Puntagorda Richtung Tazarcorte, gelangt man linker Hand an eine Abzweigung, die zum Zentrum Tijarafes, dem Stadtteil El Pueblo, führt. Neben dem Supermarkt San Antonio biegt die steile, betonierte Calle La Molina ab, die direkt zur Piratenbucht hinabführt. Nach rund 20 Minuten hält man sich hinter den Bananenplantagen rechts und fährt bis zum Ende der Betonpiste. Von hier aus erreicht man die Bucht innerhalb von etwa zehn Minuten.

HINWEIS

Keine Anfahrt für ängstliche oder unsichere Autofahrer. Die Strecke ist ausgesprochen steil, eng und unübersichtlich.

Es gibt keine Einkehrmöglichkeiten; genügend Wasser mitnehmen, Sonnenschutz notwendig.

Man kann auch mit einem Ausflugsboot von Puerto de Tazacorte aus zur Piratenbucht fahren.

DIE CUEVA BONITA

Unterhalb eines hohen, steilen Felshangs an der Küste Tijarafes liegt die Cueva Bonita, die »schöne Höhle«. Sie befindet sich nur wenige Hundert Meter vor dem Ende des Barranco El Jurado. Da sie nur über das Wasser erreichbar ist, werden regelmäßig Bootsfahrten vom etwa sechs Kilometer entfernten Puerto de Tazacorte angeboten.

Die insgesamt dreistündige Bootsfahrt führt vorbei an der spektakulär geformten Steilküste, die eine herrliche Kulisse bietet. Meist legt man an einer mit dem Boot erreichbaren Bucht einen Zwischenstopp ein. Allerdings sollte man hier nur bei ruhiger See baden. Einige Ausflugsboote besitzen einen Glasboden, durch den auf der Fahrt die faszinierende Unterwasserwelt bestaunt werden kann. Mit etwas Glück kann man auch Rochen und Barrakudas sehen.

Unterwasserwelt

Von den zwei Eingängen der Höhle ist heute nur noch einer mit dem Boot zugänglich. Legenden besagen, dass die Cueva Bonita Fischern einerseits Schutz vor Piraten bot und andererseits Piraten als Beuteversteck diente.

Besuchern bieten sich vor allem in den Nachmittagsstunden besonders spektakuläre Licht- und Farbreflexe, wenn die Grotte von den sich im Wasser spiegelnden Sonnenstrahlen ausgeleuchtet wird. Die Grotte stellt auch ein interessantes Ziel für Geologen und Meereskundler dar.

blau schimmerndes Licht in der Grotte

MIRADOR DEL TIME

Der Mirador del Time befindet sich am Ausläufer des eindrucksvollen Barranco de las Angustias am südwestlichen Rand der Caldera der Taburiente. Er liegt auf einem senkrecht abfallenden Felsplateau in knapp 600 Meter Höhe.

Man erreicht den Aussichtspunkt entweder über eine Wanderung vom Roque de los Muchachos oder über einen steilen, kurvigen und steinigen Aufstieg vom Örtchen Tazacorte aus. Außerdem kann er über ein schmales, serpentinenreiches Sträßchen auch mit dem Auto angefahren werden.

Puerto de Tazacorte

Auf dem Aussichtspunkt angekommen kann man sich im dortigen Café erholen und an der großartigen Aussicht erfreuen. Der Mirador bietet einen Ausblick auf das Aridanetal, die umliegenden Berge sowie die tiefen, reich bewachsenen Schluchten, den mächtigen Barranco de las Angustias, die Orte Tazacorte und Los Llanos sowie die komplette Westküste der Insel.

Am späten Nachmittag und frühen Abend ist der Anblick der Landschaft aufgrund der dann herrschenden Lichtverhältnisse besonders schön.

Bild o. u. Bild r. Blick vom Mirador del Time

TAZACORTE

Im Westen La Palmas liegt Tazacorte inmitten weitläufiger Bananenplantagen. Prachtvolle Herrenhäuser und friedliche Plätze lassen
den einstigen Wohlstand Tazacortes erkennen, den der Ort dem
Zuckerhandel verdankte. Der für La Palma sehr charakteristische
Ort konnte seinen ursprünglichen Charakter bewahren.

Die Altstadt von Tazacorte ist geprägt von traditionell bunt verzierten Häusern, romantischen Plätzen und verwinkelten Gassen. Sehenswert ist auf jeden Fall die Plaza de España, an der sich auch die
Stadtkirche, die Iglesia de San Miguel, befindet.

*Häuserfront in
Tazacorte*

Um das Ortszentrum herum führt die Promenade Avenida de la
Constitution. Sie ist zum einen ein beliebter Treffpunkt in den
Abendstunden, zum anderen bietet sie einen herrlichen Ausblick
über die weitläufigen Bananenplantagen sowie den Ozean.

BANANENMUSEUM »MUSEO DEL PLÁTANO«

Das Museum befindet sich in
einem, von Bananenplantagen
umgebenen, liebevoll restaurierten Altbau mit schönem Garten.
Reich bebilderte Schautafeln vermitteln die Geschichte des Bana-
nenanbaus der Region.

Das Museum liegt in der Altstadt
Tazacortes, im Ortsteil El Charco.

Bild l. altes kanarisches Wohnhaus
Bild r. Museo del Plátano

Öffnungszeiten

Mo – Fr: 16:00 – 18:00 Uhr,
Samstag: 10:00 – 13:00 Uhr
Reservierung Führungen:
Tel.: +34 922 480 151
(10:00 – 13:00 Uhr)

Anreise

C/ Miguel de Unamuno, 13,
38770 Tazacorte
Tel.: +34 922 480 803

PUERTO DE TAZACORTE

Etwa drei Kilometer nördlich von Tazacorte befindet sich ein kleiner Hafenort namens Puerto de Tazacorte. Er liegt am Ausläufer des Barranco de las Angustias, der hier in den Ozean mündet. Die Playa de Tazacorte setzt sich zusammen aus den beiden Strandabschnitten Playa del Puerto und Playa Grande.

Puerto de Tazacorte
Ausgangspunkt für Boots- und Whale-Watching-Touren

Puerto de Tazacorte ist Ausgangspunkt verschiedener Bootstouren, die etwa zur Cueva Bonita oder zur Piratenbucht führen. Auch Whale-Watching-Touren werden angeboten. Alternativ kann man sich hier auch ein kleines Motorboot mieten und selbst an der Küste entlang fahren. Trotz seiner Beschaulichkeit ist der Hafen nach Santa Cruz der zweitgrößte Fischereihafen der Insel. Entsprechend finden sich in der Nähe natürlich auch viele Restaurants, die frischen Fisch und Meeresfrüchte auf der Karte haben.

Bilder: Puerto de Tazacorte

PLAYA DEL PUERTO Y PLAYA GRANDE

Zu dem Hafen- und Fischerort Puerto de Tazacorte gehören die beiden tiefschwarzen Natursandstrände Playa del Puerto und Playa Grande, die sich großer Beliebtheit erfreuen.

Die am einstigen Fischerhafen des Ortes gelegene Playa del Puerto säumen typisch kanarische Häuser sowie eine hübsche Uferpromenade. Die alte Hafenmauer sorgt für einen relativ gemäßigten Wellengang, deshalb ist dieser Strandabschnitt auch zum Baden für Kinder geeignet.

Strandpromenade

Die benachbarte Playa Grande ist dagegen völlig der rauen Brandung des Meeres ausgesetzt und gerade deshalb bei Surfern äußerst beliebt. Dieser Strand ist ca. 50 Meter breit und 500 Meter lang. Auf der Seite, die durch einen Damm geschützt ist, befindet sich der neue Hafen.

Die Strände überzeugen nicht nur damit, dass sie leicht zugänglich sind. Man kann hier das ganze Jahr über baden und sie bieten ein abwechslungsreiches Freizeitangebot. Vor Ort gibt es zahlreiche Fischrestaurants, sowie auch viele unterschiedliche Unterkunftsmöglichkeiten. An den Wochenenden besuchen viele Einheimische die beiden Strände.

LOS LLANOS DE ARIDANE

Der älteste Stadtteil von Los Llanos liegt etwas außerhalb in Richtung Tazacorte. Das Herz des Vorortes bildet die Plaza Sotomayor, um welche sich die ältesten Bauwerke der Stadt gruppieren. Die heute für Ausstellungen und als Fremdenverkehrsamt genutzte Casa Massieu Van Dalle ist das ehemalige Anwesen eines Zuckerbarons. Schräg gegenüber beherbergt das ehemalige Monteverde-Palais ein Restaurant, das mit zahlreichen Antiquitäten geschmückt ist.

Neben einigen gemütlichen Lokalen gibt es viele Bars und Nachtclubs, denn Los Llanos ist vor allem für sein reges Nachtleben bekannt. Die Stadt bildet das Landwirtschafts-, Kultur- und Handelszentrum des reichen Aridanetals. Vor allem Bewohner aus dem Norden der Insel fühlen sich von dem Reichtum des Ortes angezogen, weshalb sich Los Llanos eines stetigen Bevölkerungswachstums erfreuen kann.

altes Straßenschild

Argual

Bild r. Altstadtgasse von Los Llanos, im Hintergrund die Caldera de Taburiente

Inzwischen hat Los Llanos selbst die Hauptstadt Santa Cruz de La Palma bei der Zahl der Einwohner überholt. Heute ist die Stadt das Tourismuszentrum schlechthin. Angesichts ihrer Lage in einer herrlichen Umgebung mit einigen Vulkankegeln sowie gewaltigen Bananenplantagen ist das auch nicht weiter erstaunlich.

Auch die Altstadt hat viel zu bieten. Hier steht nicht nur moderne Architektur, sondern auch klassisch kanarische Häuser befinden sich in den traditionsreichen Gassen und Sträßchen. Die zentral gelegene Plaza de España ist seit einiger Zeit eine verkehrsbefreite Zone. Hier kommt man abseits des Straßenlärms im Schatten großer Lorbeerbäume zur Ruhe und kann sich in einem gemütlichen Café entspannen.

traditionsreiche Gassen

geschmückte Kirchendecke

ARCHÄOLOGISCHES MUSEUM
»MUSEO ARQUEOLÓGICO BENAHOARITA«

Das Archäologiemuseum von Los Llanos bietet einen tollen Überblick über das frühere Leben der Ureinwohner La Palmas, der Guanchen. Gegenstand der Ausstellung sind neben den gesellschaftlichen Strukturen, die Organisation der Dorfgemeinschaft sowie die Rituale und Götter der Guanchen. Auch die damalige Geologie und Klimatologie werden dargestellt.

Die ausgestellten Fundstücke stammen von der ganzen Insel. Unter ihnen befinden sich zum Beispiel Mumien, Felle, Werkzeuge, Keramikreste und Felsmalereien.

Der moderne Museumsbau wurde 2007 fertiggestellt und befindet sich in der oberen Innenstadt.

Öffnungszeiten

Mo – Sa: 9:00 – 20:00 Uhr
So: 10:00 –14:00 Uhr
Feiertage geschlossen

Anreise

C / de Las Adelfas 3

Tel.: +34 922 464 609
E-Mail:
mab@cablapalma.es

LOS LLANOS BIS FUENCALIENTE

Im sonnenreichen Südwesten La Palmas findet sich die touristisch am besten erschlossene Gegend der Insel. In zahlreichen Ortschaften steht den Besuchern eine große Auswahl an Hotels, Apartments und vor allem Ferienhäusern, ein abwechslungsreiches Sport- und Freizeitprogramm sowie diverse, auf die Bedürfnisse der Touristen eingestellte Geschäfte zur Verfügung.

Das Landschaftsbild der Region wird von steilen Gipfeln, einer bizarren, felsigen Küste, trockenen Hängen, uralten Lavafeldern und Vulkanen geprägt. Die meisten Vulkane sind seit Jahrhunderten erloschen, der letzte Vulkanausbruch des bei Fuencaliente gelegenen Volcán Teneguía ereignete sich allerdings erst 1971.

Ermita de
Santa Cecilia

Für Wanderfans und Naturliebhaber sind die ausgewiesenen Wanderrouten zu den Vulkanen besonders interessant. Außerdem stellt der Nationalpark Caldera de Taburiente ein wahres Wanderparadies dar, zu dem man über das mitten im Herzen La Palmas gelegene El Paso Zutritt erhält.

Badespaß bieten die schönen, abgeschiedenen, schwarzsandigen Strände. Die starke Brandung des Ozeans lockt jedes Jahr viele Surfer und andere Wassersportler an.

Mirador La Cumbrecita

Bild o. Blick auf El Paso und Los Llanos

EL PASO

Der Ort El Paso liegt im fruchtbaren Aridanetal und damit mitten im Herzen La Palmas. Er grenzt direkt an den südlichen Rand der Caldera de Taburiente, wo sich auch das Besucherzentrum des Nationalparks befindet, und dient somit als wichtiger Ausgangspunkt für zahlreiche schöne Wanderungen, die durch die Caldera hindurchführen.

Mit ihren Geschäften und einigen Supermärkten bietet die Ortschaft alles, was Selbstversorger für einen Aufenthalt benötigen. Es steht auch eine große Auswahl an schönen Ferienunterkünften zur Auswahl.

Die agrarisch geprägte Landschaft El Pasos wird von Mandelbäumen und einigen Tabakfeldern dominiert. Der hiesige Tabak wird in El Paso noch mit der Hand gerollt und zu hervorragenden Zigarren verarbeitet.

Innerhalb der letzten Jahrzehnte konnte der Ort ein relativ hohes Einwohnerwachstum verzeichnen. Zum Teil ließen sich Inselbewohner aus dem unwegsamen Norden in El Paso nieder, doch viele der Zuwanderer stammen auch aus Deutschland, die sich bevorzugt im Ortsteil Vista Valle angesiedelt haben. Dort befinden sich dann auch zahlreiche Geschäfte mit typisch deutschen Produkten.

Bild o. und Bild r. farbenfrohe Häuserfronten im Altstadtkern von El Paso

Die kleine Kapelle Ermita de la Virgen del Pino liegt etwa zwei Kilometer außerhalb der Ortschaft. Überragt wird sie von einer gewaltigen kanarischen Kiefer, in der einst die Jungfrau Maria erschienen sein soll. Alle drei Jahre findet eine Prozession statt, in deren Rahmen eine kostbare, in der Ermita aufbewahrte Marienfigur nach El Paso getragen wird.

SEIDENMUSEUM »MUSEO DE LA SEDA«

Das Seidenmuseum in El Paso ist zugleich eine familiengeführte Werkstatt. El Paso ist der letzte Ort der ganzen Insel, in dem ein vollständiger Produktionsprozess für Seidenprodukte besteht.

Bei einer Führung kann man weitere Informationen rund um die Seidenproduktion, Spinnerei, Weberei sowie Seidenraupenzucht erhalten.

Interessant sind auch die Informationen rund um die Cochenille-Laus, aus der der Farbstoff Karmesin (ein leuchtendes Purpurrot) gewonnen wird. Heute wird sie dazu jedoch nicht mehr verwandt. Stattdessen benutzt man die künstlich in großen Mengen erzeugte und dadurch billigere Anilinfarbe.

Öffnungszeiten

Mo – Do: 10:00 – 13:00,
Di – Do: 17:00 – 19:00 Uhr

Eintritt

Erwachsene: 3,00 €
Kinder bis 14 Jahre: frei

Anreise

Calle Manuel Taño 4
Tel.: +34 922 485 631

Bild l. Altstadtkern von El Paso, Bild o. Ermita de la Virgen del Pino

PUERTO NAOS
UND PLAYA PUERTO NAOS

Der kleine Bade- und Urlaubsort Puerto Naos liegt an der Westküste La Palmas und hat jährlich stolze 300 Sonnentage zu bieten. Damit zählt er zusammen mit dem benachbarten Tazacorte zu den sonnenreichsten Ortschaften der Insel. Selbst wenn in den Höhenlagen Wolken und Regen vorherrschen, kann man in Puerto Naos noch bei Temperaturen über 20 °C die Sonne genießen.

Trotz der vielen Apartments, Fincas und Hotels ist Puerto Naos ein beschaulicher, gemütlicher und ruhiger Urlaubsort geblieben, der selbst in der Hochsaison nicht überlaufen ist. Das touristische Freizeitangebot lässt dennoch keine Wünsche offen: Ob Tauchgänge, Bootstouren, Paragliding, Fahrradverleih oder geführte Wanderungen – hier ist für jeden etwas dabei. Für Selbstversorger stehen vor Ort mehrere Supermärkte zur Auswahl.
Wer nicht selber kochen will, findet sich sicher in einem der zahlreichen Restaurants gut bedient.

Die schöne Playa de Puerto Naos. Mit ihrem feinen, schwarzen Sand und den Palmen kommt hier regelrechtes Südsee-Feeling auf. Der Strand ist 600 Meter lang und befindet sich mitten in Puerto Naos. Eine hübsche kleine Promenade mit vielen Restaurants, Bars und Souvenirläden lädt zum Flanieren ein.

Bilder: Playa Puerto Naos

PLAYA DE CHARCO VERDE

Nur wenige Kilometer südlich von Puerto Naos befindet sich die knapp 250 Meter lange Playa de Charco Verde, zu deutsch »grüne Pfütze«. Der Name rührt von der zeitweise türkis-grün schimmernden Farbe des Wassers her.

Die Bucht wird zu beiden Seiten von schroffen Steilhängen eingefasst und durch einen ins Meer ragenden Felsvorsprung in zwei Hälften geteilt. Im Gegensatz zu den benachbarten Stränden zeichnet sich die Playa de Charco Verde durch eine sanfte Brandung aus, die das Schwimmen auch für Kinder und weniger geübte Schwimmer erlaubt. Auch bei Schnorchlern ist die Bucht beliebt.

Holzstege führen über den feinen, dunklen, von Kies durchsetzten Sand. Für Schatten sorgen fest installierte Sonnenschirme. Ein Kiosk bietet Snacks und Getränke an.

Bilder: Playa de Charco Verde

PLAYA DE LA ZAMORA
UND PLAYA CHICA

Nahe der Ortschaft Las Indias, im Südwesten La Palmas gelegen, finden sich die beiden schwarzsandigen Strände Playa de la Zamora und Playa Chica, die nur durch einen mächtigen Felsvorsprung voneinander getrennt werden. Bei beiden Playas handelt es sich um wildromantische, von Felshängen eingefasste Badebuchten, zu denen jeweils steile, in die Felsen geschlagene Steintreppen hinabführen. Bei Ebbe kann man zu Fuß von der einen Bucht zur anderen gelangen.

Der dunkle Sand an beiden Stränden ist von winzigen Kieselsteinen durchsetzt. Eine kleine, der Küste vorgelagerte Felsengruppe im Meer schützt vor der starken Brandung des Atlantiks.

Besonders bei Wassersportlern sind die Buchten beliebt. In dem kristallklaren, sauberen Wasser kann man nicht nur Baden, sondern auch Schnorcheln, Tauchen und Surfen. Zudem bieten beide Strände trotz ihrer Beliebtheit bei Touristen immer auch ein ruhiges Plätzchen.

Um zu den Buchten zu gelangen, folgt man der Landstraße von Fuencaliente nach Las Indias. Nach der steilen Abfahrt zweigt unterhalb von Las Indias eine kleine Straße rechts ab, die durch Bananenplantagen hindurch zum Kiosko La Zamorra, einem Fischrestaurant, führt. Dort kann man den Wagen abstellen und über die Steinstufen zu den Stränden hinuntersteigen.

Bild o. und r. Playa de la Zamora

FUENCALIENTE ODER LOS CANARIOS

Fuencaliente bedeutet übersetzt »heiße Quelle«. Mit dem Ausbruch des Vulkans San Antonio wurde die namensgebende Heilquelle verschüttet. Deswegen erhielt der Ort den neuen Namen Los Canarios. Die ursprüngliche Bezeichnung »Fuencaliente« wird heute allerdings noch sehr häufig gebraucht.

Eingerahmt von schwarzen Vulkanlandschaften und grünen Kiefern-wäldern liegt Los Canarios auf 700 Meter Höhe und ist ein typischer Ort des Inselsüdens. Nur wenige Kilometer vom Meer entfernt liegt der Ortskern, an dessen Hauptstraße sich zahlreiche Geschäfte, landestypische Lokale und Cafés befinden. Gepflegte weiße Häuschen prägen das Ortsbild und am Fuße des Kiefernwaldes findet sich die hübsche Pfarrkirche San Antonio Abad aus dem 16. Jahrhundert.

Fuencaliente

Hier an der Südspitze der Insel werden vor allem Wein und Bananen angepflanzt. An den Südhängen Fuencalientes wird auch der bekannte Malvasia angebaut.

Volcán Teneguía

Der Ausgangspunkt für die beliebten Wanderungen zu den Vulkanen San Antonio und Teneguía liegt in unmittelbarer Nähe zur Ortschaft, beim Besucherzentrum des San Antonio. Dieser Startpunkt bildet zugleich auch den Endpunkt der Vulkanroute über die Cumbre Vieja.

Bild l. und o. Pfarrkirche San Antonio Abad

VOLCÁN DE SAN ANTONIO

Die beiden Vulkane San Antonio und Teneguía schließen die Cumbre Vieja an der Südspitze der Insel ab. Während der erste Ausbruch des Volcán de San Antonio vor über 3.000 Jahren datiert wird, fand 1971 mit der Eruption des Teneguía, der jüngste Vulkanausbruch La Palmas statt.

Der erste Ausbruch des San Antonio war mit einem großen Zerstörungspotenzial verbunden. Lange glaubte man, er hätte erst 1677 stattgefunden. Heute weiß man jedoch, dass sich in diesem Jahr lediglich vier neue kleine Krater am Fuß des Vulkans öffneten. Der eigentliche Hauptkrater bestand bereits einige Tausend Jahre. Unter den Lavaströmen des Ausbruchs von 1677 wurde auch die Heilquelle Fuente Santa begraben. Da diese namensgebend für den Ort Fuencaliente war, benannte man diesen danach um in Los Canarios. Zudem schufen die Vulkanausbrüche neue ausgedehnte Lavaplattformen im Meer.

VOLCÁN TENEGUÍA

Mit der Eruption des Teneguía, ganz an der südlichen Spitze La Palmas gelegen, wurden viele dieser Lava-Plattformen mit neuen Lavaströmen überschüttet. Der Ausbruch begann am 26. Oktober 1971, als eine 300 Meter lange Spalte aufriss und große Mengen schnell fließender Lava ausspuckte. Am 18. November 1971 erlosch der Vulkan abrupt.

Zu Schaden kam während des Ausbruches zum Glück kaum jemand, da sich die Lavamassen hauptsächlich ins Meer ergossen und dort neues Land erschufen. Zwei Menschen fanden durch austretende Gase des Vulkans dennoch den Tod.

Der jüngste Vulkanausbruch der Insel

CENTRO DE VISITANTES DEL VOLCÁN SAN ANTONIO

Das Zentrum bietet Informationen über die vulkanischen Aktivitäten auf La Palma. Auf die Nutzung des Besucherparkplatzes entfällt eine Gebühr von fünf Euro, in der auch die Besichtigung des Zentrums sowie eine Filmvorführung über die Vulkanausbrüche auf La Palma enthalten sind. Der Film zeigt einige spektakuläre Aufnahmen des Vulkanausbruchs von 1971 und wird in fünf verschiedenen Sprachen angeboten, auch Deutsch.

Öffnungszeiten

Sommer: 9:00 – 18:00 Uhr
Winter: 9:00 – 17:30 Uhr

Anreise

Südlich von Los Canarios, an der Straße nach Las Indias

VOLCANES SAN ANTONIO UND TENEGUÍA

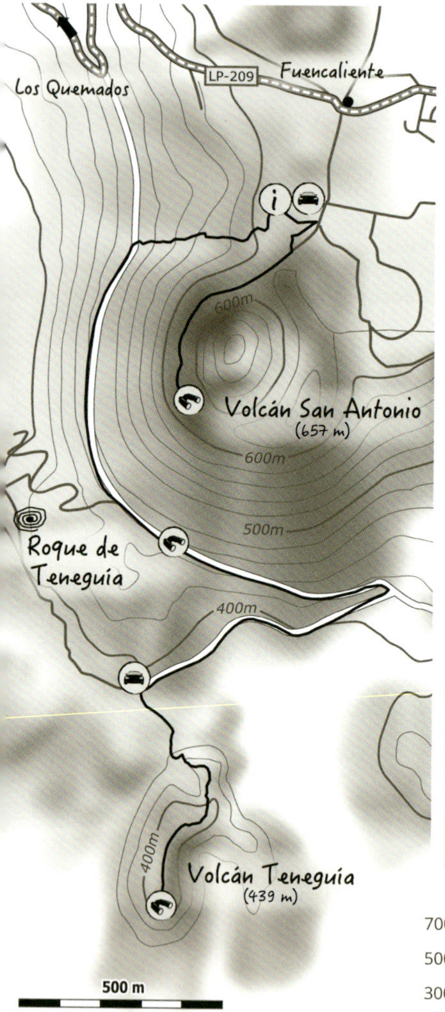

TOURENCHARAKTER

Für Vulkaninteressierte bietet sich die Möglichkeit, im südlichen Teil der Insel auf die beiden Vulkane Teneguía und San Antonio hinaufzusteigen. Hier findet sich die geologisch jüngste Vulkanlandschaft La Palmas. Leider muss die Tour zweigeteilt werden und kann nicht mehr – wie es einst möglich war – in einer Rundwanderung begangen werden.

Man sollte die Wanderung möglichst bei wolkenfreiem Himmel unternehmen, da die südlichen Vulkane vergleichsweise niedrig und wolkenverhangen sind. Bei klarem Wetter bieten sich wunderbare Aussichten, vor allem auf die Südspitze der Insel.

Ausgangs- und Endpunkt:
Parkplatz des Besucherzentrums am Volcán San Antonio (kostenpflichtig)

Schwierigkeitsgrad: leicht (San Antonio) bis anspruchsvoll (Teneguía)

Etappen:
1 nur San Antonio; 2 nur Teneguía

Dauer: 3 Std Gehzeit (ca. 8 km)

Höhenunterschiede:
ca. 450 m Auf- und Abstieg

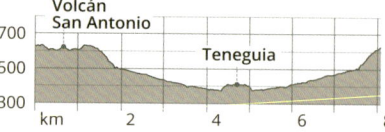

Keine Einkehrmöglichkeiten: Wasser und Proviant selber mitbringen.

ROUTE

1 Vulkan San Antonio

Vom Besucherzentrum aus läuft man links hinauf zu einer großen Freifläche. Ein nahezu ebenerdiger, Richtung Südwesten führender Weg am Kraterrand nimmt hier seinen Anfang. Nach etwa einer halben Umrundung endet der Weg an einem kleinen Aussichtspunkt. Wer nicht zu Fuß gehen möchte, kann auch auf einem Kamel zum Vulkan reiten. Rastplatz für die Tiere und Ausgangspunkt der Kameltour ist die Freifläche neben dem Besucherzentrum.

2 Vulkan Teneguía

Man folgt vom Parkplatz aus dem weiß-rot markierten Wanderweg Richtung Faro de Fuencaliente. Er ist von niedrigen Steinmäuerchen eingefasst und führt bald auf die tiefer gelegene Piste. Dieser folgt man am Fuße des San Antonio bis zu einer Abzweigung. Hier biegt man rechts ab, weiter Richtung Teneguía. Am Ende der Piste geht ein schmaler Pfad nach links ab, welcher zum Fuße des Vulkans führt. Hier beginnt der eigentliche Aufstieg auf den Teneguía. **Der Weg ist jedoch sehr anspruchsvoll!** Diesen bewältigt man auf einem ausgetretenen Pfad, der links um den Krater herum nach oben führt. Über einen schmalen Kamm gelangt man letztendlich zum Gipfel und kann von hier aus die Aussicht auf die Südspitze der Insel mit ihrem Leuchtturm genießen. Zurück geht es auf demselben Weg.

Bild r. der Krater des Vulkan San Antonio

Direkt zum Teneguía

Will man nur den Teneguía erkunden, fährt man die LP-130/LP-270 von Las Caletas aus in Richtung Faro de Fuencaliente. Ungefähr auf halber Strecke biegt man rechts auf eine schmale Piste ab. Ein Schild weist hier den Weg zum Teneguía. Die Piste kann so weit befahren werden, wie es die Straßenverhältnisse erlauben und wie man den steinigen Weg seinem Auto zumuten will. Am Rand der Piste kann das Auto abgestellt werden. Nach einer rund einstündigen Wanderung erreicht man den Krater. Festes Schuhwerk ist sehr empfehlenswert.

Weiter zum Faro de Fuencaliente

Vom Fuß des Teneguía aus lässt sich die Tour auch zum Faro de Fuencaliente (dem Leuchtturm von Fuencaliente) hinunter verlängern.

am Roque de Teneguía befindet sich eine Petroglyphenfundstätte

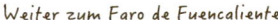
Bild l. Lavaverwerfungen am Vulkan Teneguía mit Wegverlauf im Hintergrund

Bild o. Ausblick vom Gipfel des Teneguía
Bild u. Weg auf den Gipfelkamm

PLAYA ECHENTIVE

Einige Kilometer im Nordwesten der Punta de Fuencaliente, der Südspitze La Palmas, liegt die schwarzsandige, mit Kieseln übersäte Playa Echentive.

Durch den Vulkanausbruch 1971 entstand die Landzunge, auf der sich der Strand befindet. Zugänglich ist er über eine lange, in den Fels geschlagene Treppe. Der Strand ist relativ windstill und bietet keinerlei Schatten.

Die nur wenig besuchte Bucht inmitten felsiger Steilhänge erinnert vor dem Hintergrund der beeindruckenden Vulkanlandschaft an eine dunkle Urzeitlandschaft.

PLAYA DEL FARO

Direkt an der Punta de Fuencaliente, unterhalb der beiden Leuchttürme, liegt die Playa del Faro. Dabei handelt es sich um einen kleinen, dunklen Kiesstrand, der mit einer angenehmen Atmosphäre lockt und – eingebettet in eine schöne landschaftliche Umgebung – sehr reizvoll ist.

Oberhalb der Playa findet sich eine kleine Fischersiedlung, die bei schönem Wetter gut besucht ist. Eine nahe gelegene Bar lädt zu schmackhaften Fischgerichten und einem Glas Wein ein.

Baden ist möglich, aber nicht sehr komfortabel. Aufgrund der vielen Kieselsteine, die barfuß sehr schmerzhaft sein können, empfiehlt es sich, geschlossene Badeschuhe mitzunehmen, die während des Badens getragen werden.

Unmittelbar neben der Bucht befinden sich Salinen, in denen heute noch Meersalz gewonnen wird.

Montaña de Hidra
1049

LP-202

Revetón
1435

Buenavista
de Arriba

LP-2

San Pedro

El Fuerte

Parque Paraíso
de las Aves

El Barrial

El Llanito

Palmasol

Playa de
los Cancajos

Centro de Visitantes

EL PASO

Miranda

Los Cancajos

Triana

LP-2

Museo
de la Seda

Tacande

Montaña Las Moraditas
886

Breña Baja

LP-123

San José

San Antonio

Baja al Buen Consejo

Las Ledas

Tajuya

San Isidro

La Polvacera

LP-1

Tacande
de Abajo

Montaña de Enrique
1242

LP-203

La Montaña

Monte de Breña

Punta de las Palomas

Cabrejas

Gómez
657

Triana

Montaña Quemada
1376

La Rosa

Montaña La Pavona
694

Montaña de
Centinela
319

Punta de las Lajas

Los Campitos

LP-203

Montañita de la Venta
1505

Montaña las Toscas
719

El Monte

Playa del Hoyo

Cogote
595

Monte Pueblo

La Barquita

Cogote

San Nicolás

El Gallo
1579

Pico Birigoyo
1808

Escuela de Artesanía

El Molino

Callejones

El Roque

Las Manchas

Volcán
de San Juan
1949

VILLA DE MAZO

Iglesia Parroquial de San Blas

Cuatro Caminos

Montaña la Barquita
1809

Museo Casa Roja

Hoyo de Mazo

Montaña Los Charcos
1848

La Sabina

Lomo Oscuro

Punta del Moro

Jedey

Pico Nambroque
1922

Cumbre Vieja

Ecomuseo Belmaco

Playa del Pozo

Jedey
658

del Faro

Montaña el Fraile
1782

Montaña de la Horqueta
1358

Punta la Cangrejera
Playa del Burro

Deseada II.
1937

Deseada I
1949

Tirimaga
656

Malpaíses

Punta El Lajío

Faro

Ermita de
Santa Cecilia

Montaña los Bermejales
1849

Cabrito
1860

Arenas Blancas

Playa Arenas Blancas

El Remo

Montaña de
los Lajones
1666

LP-123

Punta las Salineras

Baja Lanca

Tiguerorte

Playa del Azufre

Roque y Punta
de los Guinchos

Volcán Martín
1602

Montaña
del Azufre
280

Punta de la Barqueta

Roque Sardas

Montaña del Paío
1458

Montaña Polada
1441

Montes de Luna

Playa de la Barqueta

El Charco

Roques de Niares

El Jurado

Bahía de los Roques

Roques las Caleras

Montaña
la Semilla
1242

Fuego
1249

Punta de Poris

Los Andenes

Montaña de
los Pérez
1021

Playa Martín

Playa de
la Zamora
e Playa Chica

LP-1

Punta Martín

Playa de los Roquitos

Punta Zamora

Pija
679

Baja del Agua

Punta del Hombre

Caldera Los Arreboles
1021

Los Roques de Anaga

Las Indias

El Puertito

Las Caletas

Los Canarios / FUENCALIENTE

Los Quemados

Iglesia San Antonio Abad

Volcán San Antonio

El Morrón

Volcán
San Antonio
657

La Lajita

Volcán Teneguía

Bajas de las Caletas

Punta Gruesa

Volcán Teneguía
439

Viento
225

El Guincho

Los Arenales

Las Cabras

C. Heidica

Punta Malpique

Punta Malpaís

Salinas Teneguía

2 km

Playa Echentive
Playa del Faro

Faro de Fuencaliente

246

FUENCALIENTE BIS SANTA CRUZ

Im Südosten befindet sich aus geologischer Sicht die jüngste Region La Palmas. An der Küste ist die Insel dicht besiedelt, während sich im Hinterland die Gebirgsrücken Cumbre Vieja und Cumbre Nueva erstrecken, die sich durch Vulkane, wilde Lavaströme sowie bunte Lapilli-Landschaften auszeichnen. An den weitläufigen grünen Hängen der Ausläufer der beiden Cumbres wird Landwirtschaft betrieben.

Eine Kette von 120 erloschenen Vulkankratern bildet den herrlichen 14 Kilometer langen Gipfelweg der Cumbre Veja. Auf der Ruta de los Volcanes (Vulkanroute) kann man diesen vom Rastplatz Refugio El Pilar bis nach Fuencaliente bewandern.

Iglesia Parroquial de San Blas in Mazo

In Los Cancajos befindet sich die zweitgrößte Feriensiedlung der Insel. Die beiden Badebuchten Playas de Cancajos wurden künstlich angelegt und besitzen eine gute Infrastruktur. Auch hier gibt es den für die Insel typischen schwarzen Sandstrand. Wellenbrecher schützen vor der starken Brandung, sodass beide Strände auch für Kinder geeignet sind.

Wenige Kilometer südlich liegt der Flughafen La Palmas. Mehrmals wöchentlich wird La Palma von Deutschland aus angeflogen. Die Flugzeit dauert etwas mehr als vier Stunden.

die Kulturlandschaft im Südwesten der Insel

Im August 2009 tobte im Süden La Palmas, dem Gebiet südlich der Montes de Luna, vier Tage lang ein Waldbrand. Hierbei wurden weite Teile der Landschaft, darunter auch 2.000 Hektar Kiefernwald sowie mehrere Häuser komplett vernichtet.

Bild o. Blick von Montes de Luna hinauf zur Cumbre Vieja

MAZO

An der Landstraße von Santa Cruz de La Palma nach Fuencaliente liegt Mazo. Die prächtigen Herrenhäuser der Stadt verteilen sich am Hang der benachbarten Cumbre Vieja.

Am Fuße der steilen Gassen von Mazo liegt die Iglesia Parroquial de San Blas. Diese historische Kirche stammt aus dem Jahr 1512. Die kunstvoll verzierte Decke im Mudéjar-Stil sowie ein reizvolles Ensemble aus flämischen Skulpturen schmücken das Innere der Kirche. Gleich neben der Iglesia steht die Casa Parroquial, in welcher der Priester seinen Wohnsitz hat.

Fresken der Iglesia Parroquial de San Blas

Mazo ist zudem der Standort der Escuela de Artesania, einer Kunsthandwerksschule, die sich ebenfalls in einem prachtvollen Herrenhaus befindet. Hier kann den Schülern beim Weben, Flechten, Töpfern und Schnitzen zugesehen werden. Die Produkte der Schule können direkt vor Ort oder auf dem Bauernmarkt (Mercadillo) gekauft werden. Der Mercadillo findet immer am Wochenende in der Markthalle von El Pueblo statt.

Escuela de Artesania

Bauernmarkt in Mazo: Samstag Nachmittag und Sonntag Vormittag

Bild l. und u. Iglesia Parroquial de San Blas, Bild o. Cumbre Vieja

»MUSEO CASA ROJA«
STICKEREI- UND FRONLEICHNAMSFESTAUSSTELLUNG

Öffnungszeiten

Mo – Sa: 10:00 – 14:00 Uhr

Eintritt

Erwachsene: 2,00 €
Kinder: 0,75 €

Kontakt

Calle Maximiliano Pérez
Díaz 13
Tel.: +34 922 428 587

Die Casa Roja (»rotes Haus«) beherbergt gleich zwei Museen: zum einen das »Museo del Bordado«, ein Stickereimuseum, in dem besonders schöne und wertvolle Stickereiarbeiten der Insulaner zu sehen sind, zum anderen das »Parterre«, ein Museum über das Fronleichnamsfest auf La Palma. Dieses Fest hat für die Palmeros eine ganz besondere Bedeutung. Bilder und Muster von Straßenteppichen sowie Bögen aus Blüten, Samen oder Moosen lassen sich im Ausstellungsraum bewundern und dokumentieren das Fest umfassend.

Abgesehen von diesen beiden Ausstellungen ist schon allein das Gebäude selbst sehenswert. Das im Neoklassizismus erbaute, prächtige Herrenhaus von Leopoldo Pérez Díaz nimmt eine herausragende Stellung in der nicht-religiösen Architektur der Gemeinde ein. Umgeben von prächtigen Gärten, zeugt es von dem Reichtum seiner ehemaligen Besitzer, die es Anfang des 19. Jahrhunderts errichten ließen.

ECOMUSEO BELMACO

Öffnungszeiten

Mo – Sa: 10:00 – 15:00 Uhr

Eintritt

Erwachsene: 2,00 €
Kinder: 0,75 €

Kontakt

Carretera del Hoyo de
Mazo a Fuencaliente 32
E-38730 Lomo Oscuro
Tel.: +34 922 440 090

Belmaco ist der erste Ort auf den Kanarischen Inseln, an dem jemals Petroglyphen gefunden wurden. Bereits im 18. Jahrhundert wurde der Komplex entdeckt. Er besteht aus zehn natürlichen Wohnhöhlen, die von den Guanchen bzw. Benahoaritas bewohnt wurden.

Am Parque Arquélogico de Belmaco wurde dann auch das Museum errichtet.

Das zweistöckige Gebäude bietet Informationen über das Leben der Guanchen. Die Ausstellung präsentiert Modelle, fotografische Dokumente, Tafeln sowie Rekonstruktionen. Während des Besuchs kann man an einer Führung teilnehmen und im Anschluss einen ausgiebigen Spaziergang durch die nähere Umgebung unternehmen.

Parque Nacional
Caldera de
Taburiente

PUNTALLAI

LP-102

Zomagallo
717

LP-1

Iglesia de
San Juan Bauf

Santa Lucía

Roque de los Zafres
1075

Pico de la Nieve
2239

Roque Salvaje
1052

LP-1032

Pico de la Sabina
2134

Mirca

Costa de Miranda

Miranda

El Morro
La Palmita

LP-101

Santuario de Nuestra
Señora de las Nieves

Dehesa

Mirador de
la Cumbrecita

Las Nieves

Castillo de la Virgen

Castillo de Santa Catalina

La Cumbrecita
1287

Topo Catalino
1185

**SANTA CRUZ
DE LA PALMA**

Velhoco

La Cuesta

Pico Corralejo
2044

LP-123

Pico Ovejas
1854

Montaña de Hidra
1049

LP-202

Breña Alta

Botazo

LP-2

Reventón
1435

San Pedro

El Fuerte

Ermita de la
Virgen del Pino

El Llanito

Playa de
los Cancajos

Palmasol

Los Cancajos

EL PASO

El Barrial

Centro de Visitantes

Breña Baja

LP-123

LP-2

San José

Montaña Las Moraditas
886

San Isidro

Baja el Buen Consejo

La Polvacera

Tacande

La Montaña

Tacande
de Abajo

Montaña de Enrique
1242

LP-203

Monte de Breña

Montaña Quemada
1376

Montaña de la Venta
1505

LP-203

Montaña La Pavona
694

La Rosa

Punta de las Lajas

Mirador Astronómico
Llano del Jable

Montaña las Toscas
719

Montaña de
Centinela
319

Playa del Hoyo
La Barqueta

San Nicolás

Refugio El Pilar

Mirador Astronómico
de Llano de la Venta

Monte Pueblo

El Roque

Volcán de
San Juan
1949

El Gallo
1579

Pico Birigoyo
1808

Escuela de Artesanía

El Molino

Callejones

Montaña
El Caldero 1627

VILLA DE MAZO

Iglesia Parroquial de San Blas

Playa del Pozo

Montaña la Barquita
1809

Museo Casa Roja

Hoyo de Mazo

Playa la Martina

Punta del Andén

Punta del Moro

Jedey

Pico Nambroque
1922

La Sabina

Lomo Oscuro

Punta la Cangrejera
Playa del Burro

Ecomuseo Belmaco

Punta El Lajio

Faro

Deseada II
1937

Deseada I
1949

Tinizara
656

Malpaises

Punta las Salineras

Montaña los Bermejales
1849

LP-123

Playa del Azufre

Tiguerorte

Tigalate

Playa de la Barqueta

2 km

ZWISCHEN DEN CUMBRES

Im Südosten der Insel befindet sich die kleine, auf etwa 700 Metern gelegene Ortschaft San Isidro. Sie liegt nur einige Kilometer von der Küste entfernt, in direkter Nähe des Ortes Breña Baja.

Hier wachsen – inmitten einer grünen, fruchtbaren Region – zahlreiche Dragos. Besonders sehenswert sind die eindrucksvollen Zwillings-drachenbäume – mit 15 Metern die höchsten der Insel.

Iglesia de San Isidro

Von San Isidro beginnt eine schöne Fahrstrecke auf der LP-203, einer schmalen Bergstraße, die vorbei an mehreren Vulkankratern und zwei astronomischen Aussichtspunkten über die Cumbre Nueva führt. Kurz vor El Paso mündet die Straße in die LP-2, die das Arida-netal mit Santa Cruz verbindet. Unterwegs bieten sich Ausblicke auf den höchsten Berg der Nachbarinsel Teneriffa, den Teide.

Tagsüber hat man von dem 1.300 Meter hoch gelegenen astrono-mischen Aussichtspunkt Mirador Astronómico de Llano de la Venta einen herrlichen Ausblick auf die üppig-grüne Landschaft der Ost-küste La Palmas.

Mirador Astronómico de Llano de la Venta

Der Mirador Astronómico de Llano del Jable, ein weiterer astrono-mischer Aussichtspunkt (1.300 Meter) bietet einen wundervollen Ausblick über die umliegenden Lapillifelder und auf den Wolkenfall über der Cumbre Nueva. Beide Miradores eröffnen in der Nacht einen atemberaubenden Blick auf den dann in diesen Höhenlagen in der Regel wolkenlosen Himmel.

Mirador Astronómico de Llano del Jable

POLARIS

431 años-luz / light-years

STERNENBEOBACHTUNG

Die 2007 gegründete Initiative Starlight soll die Bedeutung eines klaren Nachthimmels für Wissenschaft, Bildung, Kultur und Umwelt verdeutlichen.

Eines der modernsten astrophysischen Observatorien der Welt wurde auf dem Roque de los Muchachos, dem mit 2.426 Metern höchsten Berg La Palmas, errichtet. Das Observatorium liegt jenseits der Wolkengrenze auf einer Höhe von über 2.000 Metern und bietet deshalb besonders viele sternenklare Nächte.

Astrophysisches Observatorium auf dem Roque de los Muchachos

An dem Konzept für wettbewerbsfähigen Tourismus »Islas Canarias, una experiena volcánica« (»Kanarische Inseln, eine vulkanische Erfahrung«) beteiligt sich La Palma mit dem Thema »Vulkane unter dem Sternenhimmel«.

Inzwischen wurden 15 astronomische Aussichtspunkte eingerichtet, darunter der Mirador Astronómico de Llano de la Venta und der Mirador Astronómico de Llano del Jable. Ziel ist es, die Miradores im Gesamten wie ein Freilichtmuseum wirken zu lassen, in dem das gesamte Wissen über den Himmel von der Zeit der Ureinwohner bis heute zusammengefasst wird.

La Palma verfügt über 15 astronomische Aussichtspunkte

Die Aussichtspunkte sind mit Informationstafeln sowie einem drehbaren Rad ausgestattet. Zum einen sind darauf die Jahreszeit-bezeichnungen, Tagundnachtgleiche (EQ) und Sonnenwende (SL) aufgezeichnet, zum andern der Polarstern sowie die Sternbilder Cassiopeia, Großer und Kleiner Bär. Der Polarstern bildet das Schweifende des Kleinen Bären und ist der hellste Stern des Sternbildes. Die im deutschsprachigen Raum gebräuchlichen Namen Großer und Kleiner Wagen bezeichnen eigentlich nur einen Teil – die sieben hellsten Sterne des Großen bzw. kleinen Bären.

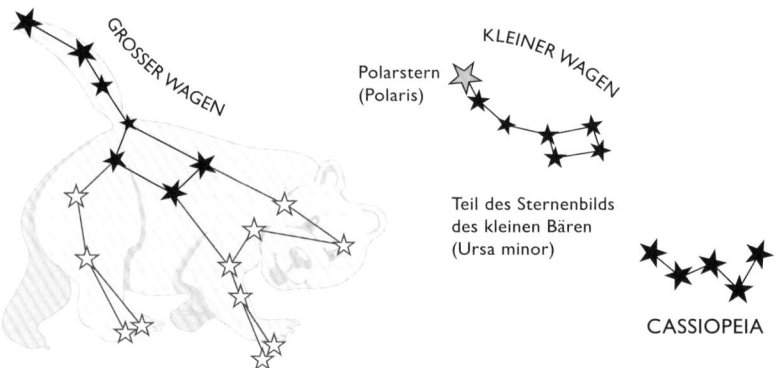

Cassiopeia, das wegen seiner W-Form auch Himmels-W genannt wird, ist ein zirkumpolares Sternbild. Das bedeutet, es kann ganz-jährig beobachtet werden. Mit seiner Hilfe kann man den Polarstern entdecken, denn sein mittlerer Punkt ist auf diesen gerichtet.

In der griechischen Mythologie war Cassiopeia die Frau des äthio-pischen Königs Cepheus und Mutter der Andromeda. Da sie damit prahlte, schöner zu sein als die Nereïden, die Töchter des Nereus, zog sie den Zorn Poseidons auf sich, welcher mit der Nereïde Am-phitrite verheiratet war. Cassiopeia wurde als Strafe für ihre Eitelkeit in den Himmel verbannt.

An dem Pfosten oberhalb des Rades ist eine Markierung angebracht, die 22:00 Uhr anzeigt. Um die Sternbilder zu lokalisieren, dreht man das Rad auf die jeweils aktuelle Jahreszeit.

Bild r. Drehbare Schautafel zu den Sternenbildern

Die Insel

San Miguel de La Palma ist die nordwestlichste der Kanarischen Inseln. Im Atlantik gelegen und klimatisch von Afrika beeinflusst, verfügt La Palma über eine spezialisierte Landwirtschaft und eine vorzügliche traditionelle Küche.

Klima

Ganzjährige Durchschnittstemperaturen zwischen 20 °C und 28 °C stellen optimale Bedingungen für den Aktiv-Tourismus dar. Obwohl auf La Palma der »ewige Frühling« herrscht, schneit es ab 2.000 Metern Höhe im Winter gelegentlich.

Natur

Mit knapp 2.500 Metern Höhe und nur rund 700 km² Fläche ist La Palma eine der steilsten Vulkaninseln der Welt. Fast senkrecht in die Tiefe stürzende Felswände und die riesige »Caldera de Taburiente« prägen die Landschaft.

Fauna

La Palmas Isolation als Insel hat zur Entwicklung einer wunderbaren Artenvielfalt geführt. Manche der tierischen Inselbewohner kommen nur hier vor. Im warmen Klima trifft man Geckos und Eidechsen allgegenwärtig an.

Flora

Ein Highlight der Insel ist die einzigartige und vielfältige Flora, die vom vulkanischen Ursprung der Insel rührt. Lotus Pyranthus und die Dragos sind nur zwei der bemerkenswerten Pflanzenarten, die auf La Palma beobachtet werden können.

DIE KANAREN

Lage: westlich von Nordafrika
Fläche: 7.500 km²
Einwohner: ca. 2,1 Millionen
Bevölkerungsdichte: 277/km²
Hauptstadt:
Santa Cruz de Tenerife (ca. 203.000 Einwohner) und Las Palmas de Gran Canaria (ca. 378.000 Einwohner)

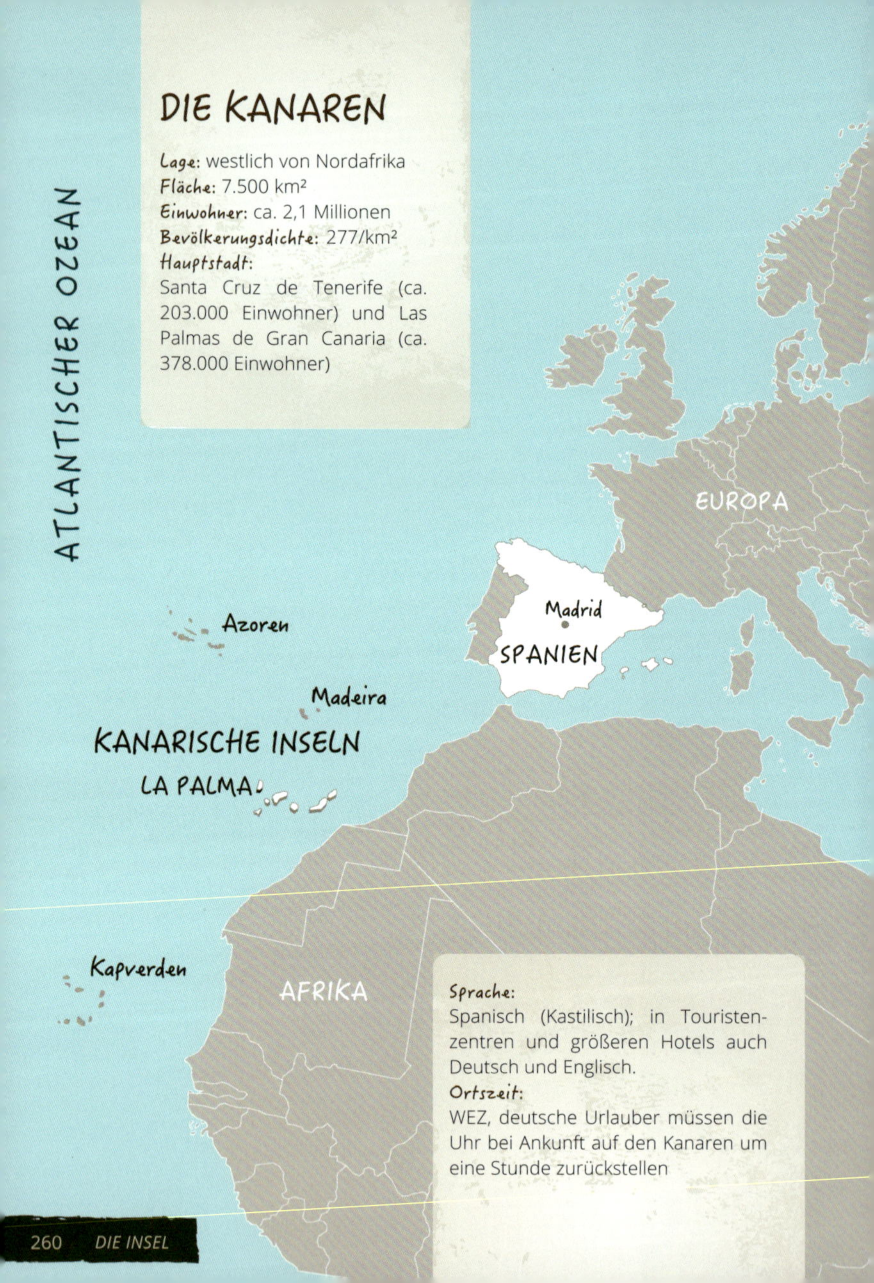
ATLANTISCHER OZEAN
EUROPA
Madrid
SPANIEN
Azoren
Madeira
KANARISCHE INSELN
LA PALMA
Kapverden
AFRIKA

Sprache:
Spanisch (Kastilisch); in Touristenzentren und größeren Hotels auch Deutsch und Englisch.
Ortszeit:
WEZ, deutsche Urlauber müssen die Uhr bei Ankunft auf den Kanaren um eine Stunde zurückstellen

DATEN UND FAKTEN

Die sieben Kanarischen Inseln gehören politisch zu Spanien und damit zur EU, geografisch werden sie aufgrund ihrer Lage im Atlantischen Ozean – rund 100 bis 500 Kilometer vor der marokkanischen Küste – jedoch Afrika zugeordnet.

Bei der spanischen Staatsform handelt es sich um eine parlamentarische Erbmonarchie. König Felipe VI. von Spanien ist seit 2014 als Staatsoberhaupt im Amt.

95 Prozent der Bewohner der Kanarischen Inseln sind römisch-katholisch. Daneben gibt es protestantische, jüdische sowie muslimische Minderheiten.

Seit 1996 gehören die Kanarischen Inseln zur EU und zum europäischen Zollgebiet. Allerdings gibt es Sonderregelungen in einigen Bereichen. Zudem profitieren sie von einer Reihe von Hilfsprogrammen und Subventionen.

Die Kanarischen Inseln sind eine von 17 Autonomen Gemeinschaften Spaniens. Sie gliedern sich in die beiden Provinzen Las Palmas de Gran Canaria (ca. 1.097.000 Einwohner), bestehend aus Lanzarote, Fuerteventura und Gran Canaria, und Santa Cruz de Tenerife (ca. 1.004.000 Einwohner), bestehend aus Teneriffa, La Palma, El Hierro und La Gomera. Beide Städte teilen miteinander den Status der Hauptstadt der Kanarischen Inseln.

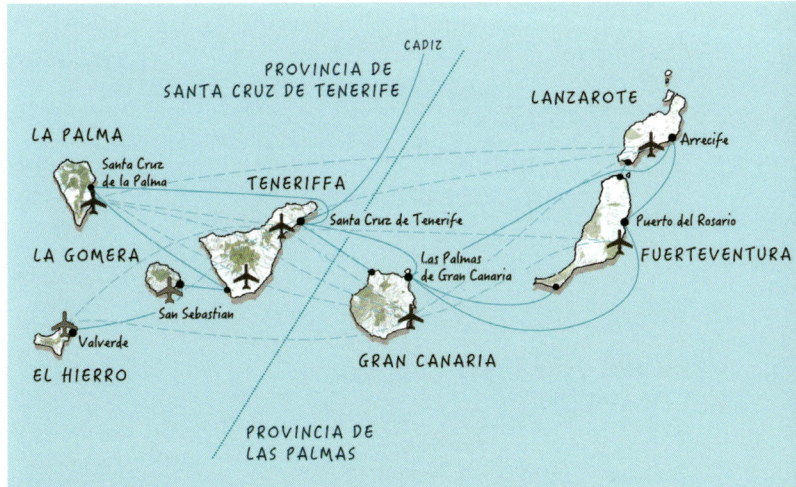

GEOGRAPHIE

Der volle Name der Insel lautet San Miguel de La Palma und sie ist die nordwestlichste Insel des Kanarischen Archipels. Sie ist etwa 450 Kilometer von der marokkanischen Küste entfernt, vom europäischen Festland ca. 1.400 Kilometer und 60 Kilometer von Teneriffa, der größten Insel der Kanaren.

Die maximale West-Ost-Ausdehnung beträgt ca. 28 Kilometer. Die längste Nord-Süd-Strecke ist 45 Kilometer lang. Damit ist La Palma vor El Hierro und La Gomera die drittkleinste Insel der Kanaren.

La Palma ist eine der steilsten Inseln der Welt. Denn bei einer Fläche von ca. 700 km² liegt der höchste Punkt der Insel bei knapp 2.500 Metern.

Die Form der Insel erinnert an einen nach Süden gerichteten Keil oder ein stilisiertes Herz. Fast genau in der Mitte wird die Insel durch einen aus Vulkankegeln bestehenden Bergrücken in eine Ost- und eine Westhälfte geteilt.

La Palma ist wie die übrigen Inseln des Archipels vulkanischen Ursprungs. Dementsprechend prägen hohe Krater, tiefe Schluchten und bizarre Gesteinsformationen ihr Erscheinungsbild.

La Palma hat ca. 87.000 Einwohner, die in den 14 Gemeinden der Inseln leben: Barlovento, Breña Alta, Breña Baja, El Paso, Fuencaliente, Los Llanos de Aridane, Puntagorda, Puntallana, San Andrés y Sauces, Santa Cruz de La Palma, Santo Domingo de Garafía, Tazacorte, Tijarafe und Villa de Mazo.

Hauptstadt der Insel ist Santa Cruz de La Palma, an der Ostküste La Palmas. Mit seinen 20.000 Einwohnern ist Santa Cruz allerdings nur die zweitgrößte Stadt der Insel nach dem im Westen gelegenen Tourismuszentrum Los Llanos de Aridane mit 22.000 Einwohnern.

Größtenteils wird La Palma von Einheimischen, Festlandsspaniern und Lateinamerikanern bewohnt. Der Ausländeranteil liegt bei gerade einmal fünf Prozent. Unter den Ausländern befinden sich auch viele Deutsche.

Der Großteil der Palmeros, wie die Einwohner La Palmas genannt werden, sind katholisch. Darum sind viele Feste auf der Insel kirchlichen Ursprungs. Eine Minderheit (ca. fünf Prozent der Bevölkerung) bilden Menschen evangelischen, jüdischen oder muslimischen Glaubens.

VERWALTUNG UND BEVÖLKERUNG

Die Bevölkerungsdichte La Palmas liegt bei 120 Einwohnern je Quadratkilometer.

Santo Domingo
de Garafía

El Palmar

Don Pedro

Franceses

Gallegos

Barlovento

El Tablado

Cueva del Agua

Llano Negro

San Andrés

San Pedro

El Frontón

Casas
Roque Faro

San Juan

Las Tricias

Llano la Palma

La Galga

Puntagorda

Facundo

Llano Molino

El Cerado

El Pinar

Cumbre de los Andenes

Parque Nacional-
Caldera de
Taburiente

Puntanella

Santa Lucía

Camellón

El Pinillo

Tabladito

Tijarafe

Jesus
a la Costa

Las Nieves

El Morro

SANTA CRUZ DE LA PALMA

Breña Alta

Los Llanos
de Aridane

Argual

El Paso

San Pedro

El Llanito

Breña Baja

Los Cancajos

Tacande

San Isidro

La Laguna

Cumbre Nueva

Aeropuerto
de la Palma

Todoque

El Monte

Playa Nueva

San Nicolas

Villa de Mazo

Hoyo de Mazo

Las Manchas

La Sabina

Puerto Naos

Jedey

Tiguerorte

El Remo

Cumbre Vieja

Tigalate

Montes de Luna

Tazacorte

Las Indias

Las Caletas

Los Canarios
Fuuencaliente

2 km

INFRASTRUKTUR

La Palma hat durch die Mitgliedschaft der Insel bzw. Spaniens in der EU deutlich profitiert. Mithilfe beträchtlicher Investitionen konnte die Infrastruktur der Insel deutlich ausgebaut werden.

Heute verfügt La Palma über einen internationalen Flughafen, der von mehreren europäischen sowie spanischen Airlines direkt angeflogen wird. Iberia verbindet die Insel mit dem spanischen Festland, der Flugverkehr zwischen den Kanarischen Inseln erfolgt mit Binter Canarias sowie Islas Airways. Von Deutschland aus fliegen unter anderem TUIFly, AirBerlin und Condor nach La Palma. Der Flughafen soll weiter ausgebaut werden.

Darüber hinaus spielt der Hafen von Santa Cruz de La Palma eine wichtige Rolle für die Anbindung der Insel. Er ist nicht nur die wichtigste Anlaufstelle für Im- und Exportwaren, sondern auch für tägliche Überfahrten mit Schiffsunternehmen wie Trasmediterránea oder Fred Olsen zu den Nachbarinseln und zum spanischen Festland. Seit 2008 hat der Hafen auch den Status eines EU-Außenhafens. Der zweitgrößte Fischereihafen befindet sich an der Westküste in Puerto de Tazacorte.

La Palma besitzt ein inzwischen sehr gut ausgebautes Straßennetz, sodass auch abgelegenere Orte problemlos erreichbar sind. Auf der Verbindungsstraße LP-1 kann man die gesamte Insel umfahren. Autobahnen gibt es auf La Palma ebenso wenig wie Staus. Wer die Insel erkunden möchte, kann sich ein Auto mieten oder mit den öffentlichen Verkehrsmitteln (Bus) bzw. Taxi fahren.

WASSERVERSORGUNG

La Palma profitiert von den regelmäßigen Niederschlägen. Lange Kanäle leiten das Wasser von Reservoir zu Reservoir und von den Bergen in die Täler – alles mit einem einzigartigen Bewässerungssystem.

Die Wasserrohre sind überall auf der Oberfläche La Palmas verlegt. Eine Ordnung scheint dabei nicht erkennbar. Doch unterliegen diese Wasserrohre durchaus einem System. Einmal gewonnenes Wasser wird aus einer gefassten Quelle oder Galerie, einem fast waagrechten Stollen, abgeleitet. Die Quellen und Stollen befinden sich in höheren Lagen, weshalb Pumpen nicht notwendig sind. Das Wasser muss einfach nur den Berg hinunter fließen.

Vor allem der Westen profitiert davon. Sonst wäre es hier sehr trocken und die riesigen Bananenplantagen könnten nicht so optimal heranwachsen, wie sie es heute tun. Er wird neben den künstlich angelegten Wasserrohren jedoch auch durch den natürlichen Abfluss der Caldera de Taburiente – dem Barranco de las Angustias – mit Wasser versorgt.

GESCHICHTE

ERSTE BERICHTE

 Die kanarische Urbevölkerung nannte La Palma Benahoare. Die Ureinwohner La Palmas werden deshalb nicht nur – wie auf den anderen Kanarischen Inseln – Guanchen, sondern auch Benahoaritas genannt. Unbekannt ist die Herkunft dieses Volkes, von dem vermutet wird, dass es ca. 2.000 v. Chr. auf Flößen von Nordafrika nach La Palma kam. Diese Theorie wird von Skelettfunden sowie überlieferten, nordafrikanischen Sprachresten unterstützt. Man vermutet, dass die Benahoaritas, die laut spanischen Erzählungen hellhäutig, blauäugig, groß und kräftig gebaut waren, mit den Berbern verwandt sind.

Das Volk aus der Steinzeit besaß eine hoch entwickelte Gesellschaftsstruktur und zerfiel in verschiedene Clans, die die Insel untereinander aufteilten. Wohnhöhlen bildeten das Zuhause der Menschen und dienten gleichzeitig als Lagerstätten. Heute können einige von ihnen besichtigt werden. Die Kleidung der Ureinwohner bestand aus Gewändern, die aus Leder gefertigt oder aus Binsen geflochten waren. Zu den Überresten dieser Kultur gehören neben Keramikgegenständen und Steinwerkzeugen auch Grabstätten und Felsritzzeichnungen, die sog. Petroglyphen, deren Bedeutung bis zum heutigen Tag ungeklärt ist.

EROBERUNG DURCH DIE SPANIER

 Aufgrund ihrer Rohstoffarmut waren die Kanarischen Inseln lange Zeit ohne Bedeutung für die seefahrenden Nationen. Lediglich die Bewohner galten als gewinnbringend. Sie wurden als Sklaven verkauft und als Arbeitskräfte genutzt. Erst als 1312 der Genuese Lancelotto Malocello auf Lanzarote ankam, zog es immer mehr Spanier und Portugiesen auf die Kanarischen Inseln. So begann die Eroberung der Inseln.

Lange Zeit galt La Palma als uneinnehmbar. Selbst eine 500 Mann starke Flotte, die 1447 von Graf Hernán Peraza nach La Palma geschickt wurde, musste unter schweren Verlusten von 200 Mann wieder das Weite suchen. Zuvor hatte er bereits die Inseln Lanzarote, Fuerteventura und El Hierro erobert.

Erst 1492, dem Jahr der Entdeckung Amerikas durch Christoph Kolumbus, konnte General Alonso Fernández de Lugo La Palma erobern. Mit 900 Mann ging er im Auftrag des spanischen Herrscherpaares Ferdinand von Aragón und Isabella von Kastilien bei Tazacorte an Land und begann hier seinen Eroberungszug.

Beinahe alle Stämme der Insel ergaben sich fast ohne Widerstand und nahmen den christlichen Glauben an. Lediglich

Tanausú, der Fürst von Aceró – zu Deutsch: starker Ort – leistete noch längere Zeit Widerstand.

LA PALMA IN DER KOLONIALZEIT

Im 16. Jahrhundert erhielt La Palma das Privileg zum Handel mit Amerika. Santa Cruz wurde dadurch zur wichtigsten Hafenstadt Spaniens. Allerdings wurde sie auch zu einem beliebten Ziel für Piraten. 1553 kam es zu einem besonders folgenreichen Überfall. Die von dem Franzosen Francois Le Clerc angeführten Freibeuter brannten die Stadt nach ihrem Beutezug nieder.

Nach dem Wiederaufbau wurde Santa Cruz schnell wieder zu einem florierenden Handelszentrum. Noch heute zeugen die vielen ausländisch klingenden Straßennamen vom Einfluss internationaler Geschäftsleute, die Santa Cruz in jener Zeit bereisten.

Ab 1657 nahm Teneriffa La Palmas Platz im Amerikahandel ein. Der Handelsverkehr im Hafen von Santa Cruz de La Palma kam quasi zum Erliegen.

IM 20. JAHRHUNDERT

In den 1920er Jahren wurden die Kanarischen Inseln in zwei Provinzen unterteilt: die westliche Provinz Santa Cruz de Tenerife besteht aus Teneriffa, La Palma, El Hierro und La Gomera, die östliche Provinz Las Palmas de Gran Canaria aus den Inseln Gran Canaria, Lanzarote und Fuerteventura. Seit 1982 bilden beide Provinzen die Autonome Gemeinschaft Kanarische Inseln.

Die mit dem EU-Beitritt 1996 entfallenen Zoll- und Handelsvorteile der Kanarischen Inseln werden durch den wachsenden Tourismus ausgeglichen. Im Gegensatz zu den großen Inseln Teneriffa und Gran Canaria ist La Palma bis heute jedoch vom Massentourismus weitgehend verschont geblieben. Die Insel ist ein beliebtes Ziel für Individualtouristen, die die Schönheit der Landschaft vor allem beim Wandern erfahren und genießen wollen.

PERSÖNLICHKEITEN

Das künstlerische Multitalent Luis Morera, der 1946 geboren wurde, gilt mit seiner Musik, Malerei, Architektur und Dichtung als der bekannteste zeitgenössische Künstler der Insel. Durch seine Kombination von Elementen kanarischer Volksmusik mit Musikstilen wie Jazz, Folk und Pop konnte er sich auch über La Palma hinaus einen Namen machen. An mehreren Standorten auf der Insel finden sich Zeugnisse seiner Kunst und Architektur. Das blaue Mosaik-Chamäleon in El Paso ist eines seiner berühmtesten Werke. Seine Objekte drücken immer wieder seine tiefe Verbundenheit mit seiner Heimatinsel La Palma aus.

KUNST

Im Museo Insular von Santa Cruz de La Palma kann man historische Fundstücke bewundern. Darunter Artefakte aus Ton, Tierfiguren sowie steinzeitliche Waffenteile. Unter diesen Kunstwerken sind einige schöne Keramikgegenstände aus vorspanischer Zeit erhalten. Sie wurden freihändig ohne Töpferscheibe gefertigt. Typisch für Gefäße von La Palma sind Präge- oder Impresso-Dekore. Die Tonfiguren waren vermutlich Elemente bestimmter Riten und Kulte.

In der Baukunst sind Renaissance-Bauwerke zahlreich vertreten, wie z.B. das Rathaus in Santa Cruz de La Palma. Im gotischen Stil gehalten sind nur vereinzelte Gebäude. Sehenswert ist dabei die Sakristei der Iglesia de El Salvador in Santa Cruz de La Palma.

In vielen Kirchen La Palmas ist ein flämischer Einfluss unübersehbar. Zahlreiche Heiligenstatuen, Tafelbilder und Altaraufsätze stammen von belgischen Einwanderern.

Viele Holzkonstruktionen bei historischen Bauwerken sind vom Mudéjar-Stil geprägt. Er stellt eine Vermischung maurischer und gotischer Formen dar und kommt in kunstvoll geschnitzten Balkonen, Treppenaufgängen und Galerien von Bürgerhäusern sowie in den Holzdecken der Kirchen zum Ausdruck.

TRADITIONELLE KÜCHE

Die Küche der Kanarischen Inseln verbindet traditionelle spanische Elemente mit afrikanischen und lateinamerikanischen Einflüssen. Auf La Palma gibt es einige Restaurants, die lokale Gerichte anbieten. Fisch ist ein wichtiger Bestandteil der palmerischen Küche. Besonders beliebt ist der »vieja«, der Papageienfisch. Darüber hinaus sind Lamm, Kaninchen oder Geflügel Bestandteil von Fleischgerichten. Frisches Gemüse, Kartoffeln, Suppen, Eintöpfe und Tapas sind fest in den Speiseplan der Palmeros eingebunden. Auf den ganzen Kanaren beliebt sind »papas arrugadas«, die üblicherweise mit »mojo verde« oder »mojo rojo«, den typisch kanarischen kalten Soßen, gereicht werden.

Ebenfalls eine traditionelle Spezialität ist »gofio«, ein geröstetes Maismehl, das zu einer Art Polenta verarbeitet wird.

LANDWIRTSCHAFT

La Palma verfügt zwar über keine besonderen Bodenschätze, konnte aber stets einen gewissen Wohlstand aufrechterhalten. Dies lässt sich in erster Linie auf den fruchtbaren Boden und den großen Wasservorrat der Insel zurückführen.

Schon vor Ende des Sklavenhandels wurde mit dem Zuckerrohranbau begonnen. Dieser brachte der Bevölkerung bis 1553 beständige Einkünfte, lohnte sich allerdings ab diesem Zeitpunkt nicht mehr, da in Mittel- und Südamerika viel preisgünstiger eingekauft werden konnte.

Daraufhin nutzte man die Zuckerrohrplantagen für den Weinbau, insbesondere für den Anbau von Malvasía, der vor allem in England zahlreiche Abnehmer fand. Bis Mitte des 19. Jahrhunderts hielt der Erfolg an, jedoch führte ein sich verändernder Konsumentengeschmack zum Erliegen des Wirtschaftszweiges.

Indem man sich anschließend auf die Produktion und Verarbeitung von Bienenwachs, Bienenhonig, Tabak und Seide konzentrierte, konnte die Insel auch dieser Krise entkommen. In der Seidenherstellung hatte La Palma sogar die führende Position der Kanarischen Inseln inne.

1830 wurde die Cochenille-Laus aus Mexiko eingeführt, die den begehrten roten Farbstoff Karmin lieferte und zu einem neuen Wirtschaftsboom führte. Als man rund 20 Jahre später Methoden zur chemischen Herstellung der Farbe entdeckte, wurde der Wirtschaftszweig durch den Bananenanbau ersetzt.

Die Kanarische Banane ist im Vergleich zu den in Deutschland verkauften Bananen etwas kleiner, aber voller im

Geschmack. Die jährliche Produktion beläuft sich auf 150.000 Tonnen und verteilt sich auf ca. 3.000 Hektar Anbaufläche. Hauptsächlich werden die Bananen auf den Kanaren und auf dem spanischen Festland vermarktet.

Darüber hinaus wird der fruchtbare Boden für den Anbau von Avocados, Zitrusfrüchten und verschiedenen Gemüsesorten genutzt. Außerdem erlebte der Weinanbau in den letzten Jahren eine Renaissance, vor allem die alten Rebsorten sind bei Weinkennern sehr beliebt.

Der Export landwirtschaftlicher Produkte bestimmt rund 70 Prozent der Inseleinnahmen. Dagegen liegt der Anteil von Handel und Tourismus bei nur jeweils 15 Prozent.

DIE WEINBAUGEBIETE

Weinreben können auf den Vulkanaschéböden der Kanarischen Inseln besonders gut gedeihen, da diese einen hohen Mineralstoffanteil aufweisen und Feuchtigkeit ausgezeichnet speichern können. Begünstigend wirkt sich auf den Weinbau auch die fast rund ums Jahr scheinende Sonne aus.

Im Wesentlichen lässt sich La Palma in drei große Weinbaugebiete unterteilen. Während in Hoyo Mazo im Osten vor allem der voll-aromatische Rotwein Negramoll und der frische, leichte Weißwein Listán Blanco angebaut werden, gibt es um das südlich gelegene Fuencaliente überwiegend trockene und süße Weißweine. Das Weinbaugebiet zeichnet sich besonders durch den berühmten, bernsteinfarbenen Malvasía aus, der im 16. und 17. Jahrhundert schon vom englischen Königshaus geschätzt wurde. Daneben werden vor allem die Sorten Listán Blanco und Bujariego angebaut.

Der Inselnorden ist dagegen für seine an Spalieren hochgezogenen Weine bekannt, die dadurch einen anderen Charakter erhalten als die aus dem Boden gezogenen Weine. Zu den wichtigsten Sorten zählen hier die Rotweine Negramoll und Prieto sowie die Weißweine Albillo und Almuñeco. Darüber hinaus sind die Tea-Weine der Gegend hervorzuheben. Diese Rot- oder Roséweine reifen in Fässern, die aus dem besonders harzreichen Holz der Kanarischen Kiefer gefertigt wurden.

Mitte des 19. Jahrhunderts kam die Weinwirtschaft, die auf La Palma seit 1505 betrieben wurde, zum Erliegen, erlebte allerdings ab dem Jahr 1994 einen neuen Aufschwung. Seit dem werden die palmerischen Weine mit dem speziellen Qualitätsprädikat »Denominación de Origen« ausgezeichnet und unterliegen besonderen Herstellungsbedingungen.

KLIMA UND REISEZEITEN

Das Klima La Palmas wird in erster Linie von der Lage im Atlantischen Ozean, den Passatwinden, sowie den beträchtlichen Höhenunterschieden bestimmt.

Durch einen langen, von Norden nach Süden verlaufenden Bergrücken wird La Palma praktisch in zwei unterschiedliche klimatische Hälften geteilt: Da die Wolken an den hohen Bergen im Inselzentrum hängen bleiben, wird der Osten mit Feuchtigkeit versorgt und weist eine immergrüne, zum Teil subtropische Vegetation auf. Der Westen bleibt dagegen meist trocken und sonnig und wird durch die tiefen Barrancos und mithilfe eingerichteter Wasserleitungen ausreichend bewässert.

Der Sommer ist im Gegensatz zum Winter beinahe regenfrei. Dies liegt daran, dass sich die Kanaren in den Sommermonaten mitten in der Passatzone befinden, d.h. die Passatwinde vertreiben die Wolken und bringen gleichzeitig eine erfrischende Kühlung mit sich. Kühlend wirkt sich auch der Golfstrom aus.

Das angenehm milde Klima im Winter wird ebenfalls von den Passatwinden und dem Golfstrom beeinflusst.

Somit sind die Temperaturen über das ganze Jahr hinweg relativ ausgeglichen. Während die Tagestemperatur im Winter selten unter 20 °C sinkt, knackt sie im Sommer selten die 28 °C-Marke. Aus diesem Grund spricht man auf den Kanaren vom »ewigen Frühling«.

In den Höhenlagen kann es auch im Sommer relativ kühl werden, weshalb neben Sonnenschutz warme Kleidung auch ein sinnvoller Begleiter ist. Im Winter muss man in Höhen ab 2.000 Meter gelegentlich auch mit Schneefällen rechnen.

Aufgrund der recht beständigen Temperaturen ist La Palma ganzjährig ein attraktives Reiseziel. Während Naturliebhaber besonders in der bunten Frühlingsblumenpracht auf ihre Kosten kommen, sollten Urlauber, die größeren Touristenanstürmen entkommen möchten, im Frühsommer anreisen.

KLIMA	Tagestemperatur °C	Nachttemperatur °C	Wassertemperatur °C	Sonnenstunden / Tag	Regentage / Monat
Januar	21	15	19	5	10
Februar	21	15	18	6	6
März	22	16	18	7	6
April	22	16	19	7	5
Mai	23	17	20	8	3
Juni	24	18	20	9	1
Juli	25	19	22	10	0
August	26	20	23	9	0
September	25	20	23	8	1
Oktober	25	19	22	7	5
November	24	18	21	5	11
Dezember	23	16	20	5	10

Die angegebenen Werte sind Durchschnittswerte.

WETTERPHÄNOMENE

DIE PASSATWOLKEN

Die Nordostpassatwolken sind das wohl bekannteste Wetterphänomen der Kanarischen Inseln.

Oberhalb von 2.000 Metern Höhe sind die Passatwinde warm und trocken, unterhalb dieser Höhengrenze sind sie kühl und feucht. Diese kühle, feuchte Luft, die aus nordöstlicher Richtung weht, staut sich an den von der Sonne erwärmten Gebirgshängen und steigt nach oben, wo sie weiter abkühlt und kondensiert. Zwischen 800 und 2.000 Metern Höhe bilden sich Wolken, die an den hohen Bergen im Zentrum La Palmas sozusagen hängen bleiben und den Osten auf diese Weise mit Feuchtigkeit versorgen. Diese äußert sich seltener in Regen, sondern meist in Tau und Nebel. Der Westen bleibt dagegen überwiegend trocken und sonnig.

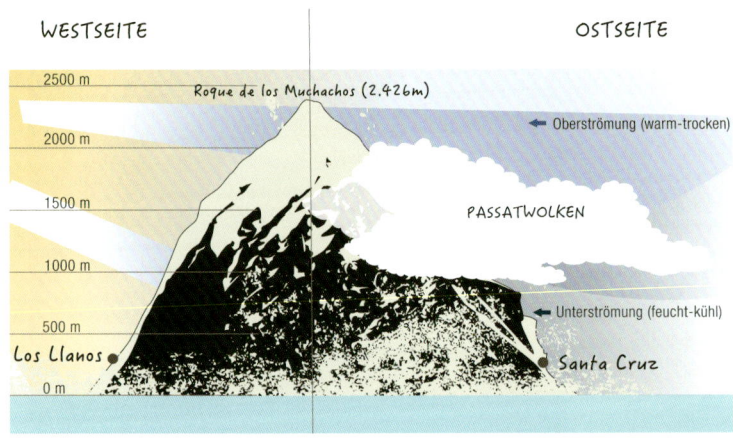

Besonders gut lässt sich dieses Phänomen an der Cumbre Nueva beobachten: Fährt man von Santa Cruz im Inselosten durch den Cumbre-Tunnel hindurch Richtung Los Llanos im Inselwesten, taucht man oft bei dichtem Nebel in den Tunnel ein und trifft auf der anderen Seite auf strahlenden Sonnenschein.

CALIMA

Durch den Calima macht sich die Nähe der Kanaren zur Sahara bemerkbar. Der heiße Wüstenwind treibt Tonnen an feinem, rötlichen Staub auf die Insel, was Sichtweiten von weniger als 100 Meter und aufgrund dessen einen völligen Verkehrsstillstand bedeuten kann. Das Thermometer kann dabei auf über 40 °C ansteigen. Meist dauert der Calima nicht länger als vier Tage an und tritt in der Regel nur in den Monaten Juni bis September auf.

Während dieser Wetterlage empfiehlt es sich, von sportlichen Aktivitäten abzusehen, da man die Lungenbelastung durch die feinen Staubpartikel nicht unterschätzen sollte.

Der Wüstenwind kann auch verheerende Schäden in der Natur anrichten und außerdem lässt er das Waldbrandrisiko ansteigen.

SCHNEE

Im Winter muss auf La Palma unter Umständen ab einer Höhenlage von ca. 2.000 Metern mit Schnee gerechnet werden. Dementsprechend können die Temperaturen hier auf unter 0 °C absinken. Die Faustregel lautet: pro 100 Höhenmeter sinkt das Thermometer um 1 °C.

Andererseits sind in den Bergen auch im Winter Temperaturen von 20 °C möglich.

GEOLOGIE UND HÖHENZONEN

Wie alle Kanarischen Inseln ist auch La Palma vulkanischen Ursprungs. Sie ist mit ihrem Alter von etwa zwei Millionen Jahren nach El Hierro die zweitjüngste Insel des Kanarischen Archipels.

Lange Zeit gab es Kontroversen bezüglich der Entstehung der Inseln. Heute gilt es als erwiesen, dass sie sich durch unzählige vulkanische Aktivitäten im Laufe von Jahrmillionen über die Wasseroberfläche erhoben.

La Palma weist eine Gesamthöhe von rund 6,5 Kilometern auf, allerdings liegen rund vier Kilometer der Gesteinsmasse im Meer. Die höchsten Erhebungen der nur rund 700 km² großen Insel erreichen über dem Meeresspiegel eine Höhe von knapp 2.500 Metern. Damit ist La Palma eine der steilsten Vulkaninseln der Welt.

Auf La Palma lassen sich verschiedene Lavaarten ausfindig machen. Während die Pahoehoe eine glatte Oberfläche aufweist, ist die Aa sehr rau und fast unbegehbar. Besonders interessant ist die Kissenlava, die unter Wasser ausgestoßen wurde, dort erkaltete und über eine glatte, abgerundete und wabenartige Oberfläche verfügt.

Auch heute gilt die Insel noch als eine Zone aktiven Vulkanismus. Der jüngste Vulkanausbruch ereignete sich 1971 auf dem Teneguía, der sich an der äußersten Südspitze La Palmas befindet.

Da sich die Lavamassen ins Meer ergossen, wurde neues Land geschaffen. Im Inselnorden befindet sich der riesige Kraterkessel Caldera de Taburiente, der nicht – wie ursprünglich angenommen – durch einen gewaltigen Vulkanausbruch, sondern durch jahrtausendelang wirkende Wind- und Wassererosionskräfte entstand. Letztere ließen außerdem tiefe Schluchten innerhalb der Caldera entstehen, von denen der Barranco de las Angustias am eindrucksvollsten ist. Das Landschaftsbild ist von schroffen Felsformationen, verschiedenen Vulkangesteinen, einer abwechslungsreichen Vegetation und mehreren Wasserläufen geprägt. Der bizarr geformte Roque de los Muchachos ist mit seinen 2.426 Metern die höchste Erhebung der Caldera sowie auch der gesamten Insel.

Nördlich und östlich wird die Caldera de Taburiente von der sie fast halbkreisförmig umschließenden Cumbre de los Andenes begrenzt, die ebenfalls eine Höhe von etwa 2.400 Metern erreicht. Im Norden der Insel finden sich weitere schroffe, tief eingeschnittene Barrancos, die üppig bewachsen sind und interessante Gesteinsformen beherbergen. Die Felswände stürzen hier fast senkrecht in die Tiefe.

Der südliche Teil La Palmas wird von den Gebirgszügen Cumbre Nueva und Cumbre Vieja durchzogen.

Die Cumbre Nueva ist geologisch gesehen älter. Sie verläuft auf einem schmalen Grat und auf einer durchschnittlichen Höhe von 1.000 bis 1.500 Metern. Am Übergang zur Caldera de Taburiente erreicht sie eine Höhe von bis zu 2.000 Metern. Östlich der Cumbre Nueva schließt sich die schmale Hochebene von Breña Alta an, die sich auf einer Höhe von ungefähr 400 Metern erstreckt und von Kulturland geprägt ist. Westlich schließt sich dagegen das fruchtbare Aridanetal an, das von etwa 700 Höhenmetern bis zur Küste hin abfällt.

Die im Süden steil abfallende Cumbre Vieja bildet den geologisch jüngsten Teil der Insel. Sie besteht aus zahlreichen bis zu 2.000 Meter hohen Vulkankegeln, über die auch die Vulkanroute, eine der schönsten Wandertouren La Palmas, führt. Den Abschluss bilden die Vulkane San Antonio, rund 650 Meter hoch, und Teneguía, rund 440 Meter hoch, die beiden jüngsten Vulkane der Insel.

In Richtung des Meeres erstrecken sich weite Lavafelder, die – erst durch die jüngsten vulkanischen Aktivitäten entstanden – flach abfallen.

La Palma verfügt vorwiegend über steile Küstenabschnitte. Die Strände werden häufig von senkrecht aufragenden, sehr hohen Steilwänden eingegrenzt und bestehen aus schwarzem Sand oder Basaltgeröll.

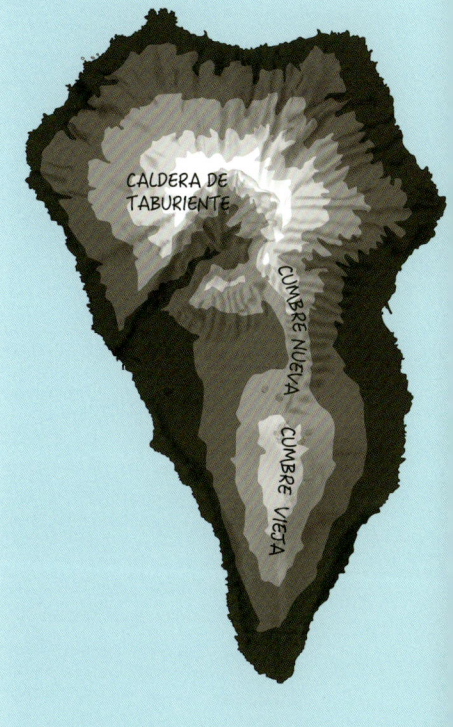

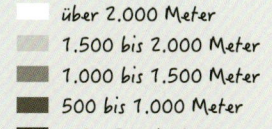

□ über 2.000 Meter
▨ 1.500 bis 2.000 Meter
▨ 1.000 bis 1.500 Meter
■ 500 bis 1.000 Meter
■ unter 500 Meter

NATURSCHUTZGEBIETE AUF LA PALMA

La Palma hat zahlreiche Naturschutz-gebiete, die in verschiedene Kategorien unterteilt sind. Eines der ältesten und am strengsten geschützten Natur-schutzgebiete Spaniens und Wahrzeichen La Palmas ist der im nördlichen Inselzentrum gelegene Nationalpark Caldera de Taburiente. Er umfasst eine Fläche von etwa 4.700 Hektar und bietet eine einzigartige Flora.

Innerhalb des Nationalparks befindet sich das spektakuläre Naturdenkmal Roque Idafe, das schon von den Ureinwohnern der Insel als Heiligtum verehrt wurde.

Weitere Schutzgebiete verteilen sich von Norden nach Süden.

Im Nordosten La Palmas liegt der Naturschutzpark Las Nieves, in dem das Weltbiosphärenreservat Los Tiles liegt, das größte Lorbeerwaldgebiet La Palmas. Das Naturreservat Guelguén im Zentrum der Nordküste hat ebenfalls noch einen hervorragend erhaltenen Lorbeerwald und beheimatet seltene Pflanzen- und Vogelarten. Mitten in diesem Naturreservat befindet sich das Landschaftsschutzgebiet El Tablado, das wertvolle, urzeitliche Felsmalereien beherbergt.

Das im Nordwesten gelegene Natur-denkmal Costa de Hiscaguán, eine atemberaubende Steilküste, die zum geologisch ältesten Teil La Palmas gehört, beheimatet beispielsweise bedrohte Pflanzenarten der Felsvegetationen.

Das nördlich der Caldera de Taburiente gelegene, integrale Naturreservat El Pinar de Garafía dient dem Schutz der Kanarischen Kiefer, die in der Vergangenheit vor allem als Nutzholz fungierte. Heute ist der Zutritt nur zu wissenschaftlichen Zwecken gestattet. Ein Besuch für Urlauber ist leider nicht möglich.

Im Westen liegt das Landschaftsschutz-gebiet des Barranco de las Angustias. Die Schlucht dient als natürlicher Wasserausgang der Caldera de Taburiente. Das Schutzgebiet Tamanca im Südwesten besitzt eine imposante Steilküste, seine Umgebung wird von Kanarischen Kiefern und Wolfsmilchgewächsen geprägt.

Innerhalb der im Süden gelegenen Cumbre Vieja befindet sich ebenfalls ein Naturpark. Hier zeigen sich dem Besucher zahlreiche geologische Besonderheiten. Das Naturdenkmal Volcanes de Teneguía erstreckt sich über die Inselsüdspitze und zählt zum geologisch jüngsten Teil La Palmas. Hier fand erst 1971 der letzte Vulkanausbruch statt.

① NATIONALPARK
CALDERA DE TABURIENTE

② NATURPARK CUMBRE VIEJA

③ NATURSCHUTZPARK
LAS NIEVES

④ NATURRESERVAT GUELGUÉN

⑤ LANDSCHAFTSSCHUTZGEBIET
EL TABLADO

⑥ NATURDENKMAL
ROQUE IDAFE

⑦ NATURDENKMAL
COSTA DE HISCAGUÁN

⑧ NATURDENKMAL
VOLCANES DE TENEGUÍA

⑨ INTEGRALES NATURRESERVAT
EL PINAR DE GARAFÍA

⑩ LANDSCHAFTSSCHUTZGEBIET
BARRANCO
DE LAS ANGUSTIAS

⑪ LANDSCHAFTSSCHUTZGEBIET
TAMANCA

■	NATIONALPARK
■	NATURPARK
■	NATURRESERVAT
■	NATURMONUMENT
■	LANDSCHAFTSSCHUTZGEBIET
■	INTEGRALES NATURRESERVAT
■	ANDERE SCHUTZZONEN

ALLGEGENWÄRTIGE INSELBEWOHNER
EIDECHSEN UND GECKOS

Im warmen Klima La Palmas fühlen sich Eidechsen besonders wohl. Häufig findet man sie auf Felsen, Steinen oder Mauern, die von der Sonne erhitzt werden.

Die auf La Palma verbreitetste Eidechsenart ist die endemische Kanareneidechse.

Eine ihrer Untergattungen ist die Westkanareneidechse. Sie lebt ausschließlich in offenen und zugleich steinigen Gebieten auf La Palma und Teneriffa und ernährt sich von Pflanzen und Insekten. Die Männchen werden bis zu 30 Zentimeter lang und sind an ihren blauen Kehlen sowie den blauen Seitenpunkten erkennbar. Die etwas kleineren Weibchen schmückt ebenfalls eine hellblau schimmernde Kehlfärbung. Ein längliches, braunes Streifenmuster ziert den Körper der Jungtiere.

Bilder: Westkanareneidechse

Westkanareneidechse

GECKOS

Weit verbreitet ist auf La Palma der Mauergecko. Wie der Name schon andeutet, findet man ihn vorrangig auf Mauern. In der Regel hält er sich dort direkt neben einer Spalte auf, um sich bei Gefahr sofort darin verstecken zu können.

Geckos sind nachtaktive Tiere, können aber auch manchmal tagsüber beim Sonnen entdeckt werden. Sie sind braun und ihre Färbung trägt zum Absorbieren von Wärme bei. Geckos werden bis zu 16 Zentimeter lang.

Insekten sind die Hauptnahrung von Mauergeckos. Oft lauern sie ihnen in der Nähe von Lampen auf, da diese die Insekten anlocken.

Weitere Arten, die auf La Palma vorkommen, sind der Kanarengecko und der Gestreifte Kanarengecko.

Bilder o. Mauergecko, Bild r. Kanarengecko

MEHR ALS EINE LAUNE DER NATUR
DIE SCHMETTERLINGE AUF LA PALMA

La Palma ist die Heimat zahlreicher farbenfroher Schmetterlingsarten. Dabei unterteilt man die Tiere in endemische und nicht-endemische Gattungen.

Kanarischer Admiral

Kleiner Feuerfalter

Besonders hübsch ist der La Palma-Zitronenfalter, der mit geschlossenen Flügeln zart grün schimmert, aber mit ausgebreiteten Flügeln knallgelb leuchtet und ausschließlich auf La Palma vorkommt. Zu den kanarischen Endemiten gehört ebenfalls der Kanarische Bläuling, bei dem der blaue Rücken einen faszinierenden Kontrast zu den braunroten Flügeln bildet. Weitere endemische Gattungen sind der rot-schwarz-weiß gemusterte Kanarische Admiral und das etwas unscheinbare, bräunliche Kanaren-Waldbrettspiel.

Großes Ochsenauge

Kanaren-Waldbrettspiel

Wander-Gelbling *La Palma-Zitronenfalter*

Zu den nicht-endemischen Schmetterlingen zählen der Afrikanische Monarch mit seinen weiß getupften braun-schwarzen Flügeln und das Große Ochsenauge, das ähnlich gefärbt ist, aber einen schwarzen Punkt hat.

Kleiner Kohlweißling *Afrikanischer Monarch*

Bild r. Kanarischer Admiral

FASZINIERENDE SECHS-
UND ACHTFÜSSER

Die artenreiche Pflanzenwelt La Palmas macht die Insel auch zu einem Paradies für Bienen, Spinnen, Heuschrecken und Libellen.

Imposant ist der Europäische Riesenläufer, ein Hundertfüßer, dessen kanarische Unterart um die zehn Zentimeter lang werden kann. Ein besonderes wirbelloses Lebewesen, das nur auf La Palma vorkommt, ist ein augen- und pigmentloser Flohkrebs, der auf das Leben in den vulkanischen Höhlen der Caldera spezialisiert ist. Die Kreuzspinne findet man vor allem auf Streuobstwiesen, die Heuschrecken dagegen in den Kiefern- und Lorbeerwäldern, im Unterholz sowie auf weitläufigen Wiesen.

Biene

Heuschrecke

Neben Wildbienen gibt es auf der Insel rund 2.000 Bienenvölker, die von Imkern betreut werden. Der Inselhonig ist besonders schmackhaft aufgrund der vielen Wildpflanzen, die von den Bienen »beerntet« werden. In der Nähe von Gewässern sieht man oft Feuerlibellen. Besonders auffällig sind die männlichen Exemplare dieser Gattung, die eine leuchtend rote Färbung aufweisen.

Feuerlibelle

Schwebfliege

Bild l. Kreuzspinne

LUFTIGE BEGLEITER

La Palma ist die Heimat von mehr als 50 verschiedenen Vogelarten. Besonders auffällig ist die Graja, eine schwarz gefiederte Alpenkrähe mit rotem Schnabel und roten Füßen, die bis zu 40 Zentimeter groß werden kann. Meist fliegt sie – oft in Schwärmen – in höheren vulkanisch-felsigen Lagen.

Graja

Möwe

Der Kolkrabe ist ebenfalls schwarz gefiedert und mit seinen durchschnittlich 60 Zentimetern der größte europäische Rabenvogel. Der Aasfresser lebt bevorzugt im Hochgebirge und nistet in den Felswänden der Caldera de Taburiente. Ideal an das Leben im Lorbeerwald angepasst ist die auf La Palma endemische Lorbeertaube.

Kanarenpieper

Turmfalke

Bild r. Kolkrabe

Daneben gibt es auf La Palma auch eine Reihe kleiner Singvögel. Zu nennen wäre beispielsweise die Mönchgrasmücke, die ihren Beinamen »Kanarische Nachtigall« ihrem wunderschönen Gesang verdankt. Weitere Singvögel sind der Kanaren-Zilpzalp, der La Palma-Buchfink, die Brillengrasmücke und der Kanarenpieper.

La Palma-Buchfink (Weibchen)   *La Palma-Buchfink (Männchen)*

Weitere Vogelarten sind unter anderem Lorbeertaube, Kanarienvögel und Turmfalken, in den Küstenregionen der Insel leben viele Möwen.

Mönchsgrasmücke

Kanaren-Zilpzalp

Bild r. Brillengrasmücke

QUAKENDE ZEITGENOSSEN

Oft ist es so, dass sich die heimische Fauna und Flora gegen vom Menschen eingeschleppte Arten nicht wehren kann. Bestes Beispiel auf La Palma ist der iberische Wasserfrosch. Ursprünglich wurde er zu kulinarischen Zwecken auf die Insel gebracht. Aufgrund fehlender Fressfeinde konnte er sich ungestört ausbreiten und verwildern.

Ideale Lebensbedingungen findet er an den Wasserläufen des Nationalparks Caldera de Taburiente. Hier kann er sich bei Gefahr im Schlamm vergraben oder in der üppigen Ufervegetation verschwinden. Bei Wanderungen durch die Barrancos ist das Quaken der Frösche die eintönige Begleitmusik.

Bilder: Frösche in der Caldera de Taburiente

REICHE UNTERWASSERWELT

Die Tierwelt des Meeres ist noch artenreicher als die Tierwelt der Insel. In den Gewässern um La Palma findet man zahllose farbenfrohe Fische und andere Meeresbewohner.

Den Ostatlantischen Roten Felsenkrabben begegnet man an den steinigen Küstenbereichen. Sie sitzen gern auf den Felsen, verschwinden allerdings sofort, wenn man sich ihnen nähert.

Geschützte Fischarten sind der Meerrabe, das Seepferdchen, Muränen, Aale und der Gefleckte Lippfisch. Teils leben sie in der tiefen See, teils in den flachen Küstengewässern.

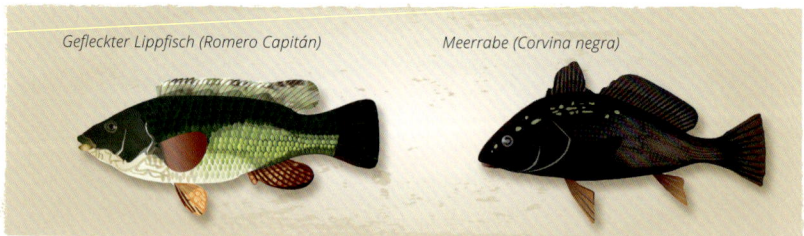

Gefleckter Lippfisch (Romero Capitán)   Meerrabe (Corvina negra)

Bild r. Ostatlantische Rote Felsenkrabbe

Seepferdchen (Caballito de mar)   *Muräne (Morena moteada)*

Aal (Congrio)

Ein bisschen Glück gehört schon dazu, doch kann man in den Wellen vor La Palma auch den Gemeinen Delfin entdecken. Diese Säuger werden bis zu 2,5 Meter groß und zählen zu den beeindruckendsten Meeresbewohnern der Kanaren.

Gemeiner Delfin (delfín común)

Einer der größten Wasserbewohner des Archipels ist der bis zu zehn Meter lange Riesenhai. Trotz seiner Größe ist er für Menschen keine Gefahr.

Riesenhai (Tiburon Peregrino)

Auch sehr eindrucksvoll sind der Gestreifte Adlerrochen, der ca. 1,5 Meter lang wird, sowie der meist um 1 Meter lange Gewöhnliche Stechrochen, der an seinem Schwanz einen giftigen, mit Widerhaken versehenen Stachel besitzt, der auch Menschen gefährlich werden kann.

Gestreifter Adlerrochen
(Chucho Vaca)

Gewöhnlicher Stechrochen
(Chucho Negro)

Fische, die in küstennahen Gewässern geangelt werden können, sind etwa der bis zu einem halben Meter lange Zackenbarsch und der ca. 70 Zentimeter große Papageienfisch.

Papageienfisch (Vieja)

Zackenbarsch (Abade)

In den Hafenbecken lassen sich unter anderem zwei interessante Rifffische entdecken: der zehn Zentimeter große Neon-Riffbarsch und der 25 Zentimeter große Meerpfau.

Neon-Riffbarsch (Fula Negra)

Meerpfau (Pez Verde)

DIE VEGETATION DER GRÜNEN INSEL

Aufgrund des vulkanischen Ursprungs und der äquatornahen Lage im Atlantischen Ozean weist La Palma eine einzigartige und vielfältige Flora auf. Auf kleinstem Raum wachsen hier Pflanzen aus vielen Vegetationszonen der Erde. Darüber hinaus hat die Insel auch eine hohe Anzahl an Endemiten – auf den Kanaren oder speziell auf La Palma beheimateten Pflanzen – zu verzeichnen. Die Vegetationszonen La Palmas gliedern sich nach den Höhenstufen der Insel.

In den warmen, trockenen und überwiegend felsigen Küstenbereichen leben vorwiegend Dickblattgewächse, sogenannte Sukkulenten, die über längere Zeit hinweg mit sehr wenig Wasser auskommen. Die Sukkulenten werden von Wolfsmilchgewächsen und dem Aeonium dominiert, die sich durch ihre großen, dicken Blätter, die ihnen als Wasserspeicher dienen, auszeichnen. Wolfsmilchgewächse finden sich dabei in allen Inselteilen La Palmas. Von den Spaniern eingeführte Kulturpflanzen nehmen ebenfalls große Teile der Küstengebiete ein, z.B. finden sich hier großflächige Bananenplantagen.

Auf einer Höhe von 500 bis 1.000 Metern entsteht häufig Nebelniederschlag. Hier befindet sich die Lorbeerwaldzone, die sich heute nur noch über Teile des Nordostens La Palmas, besonders um Los Tiles, erstreckt. An den ehemaligen Standorten des Lorbeerwaldes wächst nun ein überwiegend aus Gagelbäumen und Baumheide bestehender Sekundärwald und bildet die Fayal-Brezal-Formation. Diese stellt den Übergang zwischen Lorbeer- und Kiefernwald dar und findet sich vor allem im Osten der Insel.

Der Kiefernwald beginnt im Süden La Palmas ab einer Höhe von 1.000 Metern, im Norden ab einer Höhe von 1.500 Metern und endet bei etwa 2.000 Metern, womit er gleichzeitig die Baumgrenze markiert. Die Kanarische Kiefer, die bis zu 30 Metern hoch werden kann, nimmt etwa ein Drittel der gesamten Inseloberfläche ein und wächst vorwiegend im Nationalpark Caldera de Taburiente.

Ebenfalls in der Caldera de Taburiente, an der Playa de Taburiente, mitten im Herzen des Nationalparks, liegt die Vegetationszone der

Der Riesen-Natternkopf (Bild l.) wächst an lichten Stellen der Übergangszone zwischen Lorbeer- und Kiefernwald

Kanarischen Weide. Diese ist nur in geringer Anzahl vertreten und benötigt viel Feuchtigkeit.

Auch die Hochgebirgszone befindet sich in der Caldera de Taburiente bzw. in deren Höhenlagen ab 2.000 Metern und damit oberhalb der Baum- wie auch oberhalb der Wolkengrenze. Die Pflanzen müssen hier ohne begünstigenden Nebelniederschlag auskommen und sind sowohl Höchst- als auch Tiefsttemperaturen ausgesetzt. Zu den Überlebenskünstlern zählen unter anderem verschiedene Ginsterarten, Zederngewächse und das endemische La Palma-Veilchen.

La Palma-Veilchen

- KANARISCHE WEIDE
- KIEFERNWALD
- FAYAL-BREZAL-FORMATION
- LORBEERWALD
- WOLFSMILCHGEWÄCHSE
- HOCHGEBIRGSVEGETATION
- JÜNGERE LAVAFELDER
- KULTURLAND

SELTENE ENDEMITEN
LOTUS PYRANTHUS UND LOTUS EREMITICUS

Bei Lotus Pyranthus und Lotus Eremiticus handelt es sich um zwei äußerst seltene Pflanzenarten, die ausschließlich auf La Palma wachsen und erst vor wenigen Jahren entdeckt wurden.

Beide Arten sind an ihren schmallinealen, spitz zulaufenden Blättern erkennbar, die eine grün-graue Färbung tragen und deren Oberfläche an Seide erinnert. Besonders auffällig sind ihre flammenähnlichen Blüten, die in Rot-, Orange- und Gelbtönen leuchten. Beide Arten unterscheiden sich nur minimal in Größe und Färbung.

Die Pflanzen wachsen lediglich in drei Inselgebieten. Ihre Existenz wird zum einen durch Waldbrände, zum andern durch auf La Palma eingeführte Pflanzenfresser massiv bedroht. Zu Letzteren zählen vor allem Wildkaninchen, Wildziegen und Ratten.

Im Zuge von Artenschutzmaßnahmen zäunte man die drei Standorte der Lotus ein. Jüngst startete man außerdem ein Zuchtprogramm zum Erhalt der pflanzlichen Rarität.

Eine detaillierte wissenschaftliche Erforschung der beiden Arten soll genaue Erkenntnisse hinsichtlich ihrer Biologie, Ökologie, Genetik sowie der Entwicklung des Bestandes liefern.

Bilder: Lotus Pyranthus

EIN WAHRZEICHEN DER KANAREN
DIE DRAGOS

Ein charakteristisches Gewächs der Kanaren und insbesondere La Palmas ist der Drachenbaum, im Spanischen »Drago« genannt.

Der Drachenbaum hat die Gestalt eines Baumes, gehört aber zur Gattung der Liliengewächse und ist demnach kein Baum im eigentlichen Sinne, da sein Stamm kein sekundäres Dickenwachstum aufweist. Dragos können eine Wuchshöhe von bis zu 20 Metern erreichen. Junge Pflanzen erkennt man an ihrem dicken Stamm, der noch keinerlei Verzweigungen besitzt. Die erste Verzweigung wächst in der Regel erst nach einem Jahrzehnt.

Die erste Blütenrispe erscheint frühestens nach acht bis elf Jahren. Ab der ersten Blüte kommt es nur etwa alle 15 Jahre zu einer Blüteperiode, die meist mit einer neuen Verzweigung einhergeht und von Juli bis August andauert. Einzig die Anzahl dieser Verzweigungen gibt Aufschluss über das ungefähre Alter eines Dragos, dessen Lebenserwartung bis zu 1.000 Jahre beträgt.

Geäst des Drachenbaums

Die Krone der Drachenbäume wird aus Blätterbüscheln gebildet, die an den zahlreichen Zweigenden wachsen. Die Büschel bestehen aus grünen, schwertförmigen Blättern, die ca. 40 bis 50 Zentimeter lang werden. Während die Blüten eine grünlich-weiße Färbung tragen, sind die Beeren bräunlich-orange und haben in etwa die Größe einer Kirsche.

Früchte eines Drachenbaums

Zur Namensherkunft der Drachenbäume gibt es unterschiedliche Theorien. Eine besagt, dass die abgebrochenen Pflanzentriebe meist erneut austreiben und in ihrer Verzweigung wieder neue Triebe bilden. Diese Theorie rührt von alten Drachenlegenden her, in denen einem Drachen beim Abschlagen eines Kopfes sofort zwei neue wachsen.

Eine zweite Theorie geht davon aus, dass der Name von dem dunkelroten Harz der Drachenbäume herrührt, das wegen seiner Farbe auch »Drachenblut« heißt und früher als Heilsalbe verwendet wurde.

Bild r. Drachenbaum am Mirador de Garome

DIE GRÜNE LUNGE LA PALMAS
DER LAURISILVA

Dank der Passatwolken und eines milden, subtropischen Klimas können Lorbeerbäume auf den Kanaren in einer Höhenlage von 500 bis 1.000 Metern perfekt gedeihen. Durchschnittlich werden Lorbeerbäume in etwa zehn Meter hoch, allerdings können sie auch Höhen von bis zu 30 Metern erreichen. Sie haben grüne, ledrige, fünf bis zehn Zentimeter lange Blätter, die auf der Oberseite glatt sind und einen aromatischen Duft abgeben.

Die Stämme des Lorbeers sind meist von Moos und Flechten bewachsen, während sich im Unterholz der Lorbeerwälder Büsche, Sträucher, Farne, Kräuter und Pilze finden.

Der ganze Nordosten der Insel war früher vom Lorbeerwald bedeckt. Doch durch Rodung und Waldbrände wurde der ursprünglich riesige Wald deutlich reduziert.

Das größte zusammenhängende Gebiet mit Lorbeerwald ist »Los Tiles«. Es befindet sich im Nordosten La Palmas, einige Kilometer südlich von Barlovento. Das Gebiet wurde 1983 von der UNESCO zum Weltbiosphärenreservat ernannt, das 2002 dann auf die ganze Insel ausgedehnt wurde. Inmitten des Waldes liegt ein Forschungs- und Informationszentrum, das Ausgangspunkt für zahlreiche Wanderwege ist.

In geringerem Umfang konnten sich Loorbeerwaldbestände noch in einigen Schluchten erhalten. Dies gilt etwa für das südlich von Los Tiles gelegene Cubo de la Galga. Ein Rundweg führt durch den üppig grünen Dschungel und bietet immer wieder wunderschöne Ausblicke auf die Umgebung.

Bilder: Vegetation des Lorbeerwalds

VON DUFTENDEN BAUMRIESEN UND GEFEDERTEN WEGEN
DER KIEFERNWALD

Nadeln der Kanarischen Kiefer

Rund ein Drittel La Palmas wird von der charakteristischen Kanarischen Kiefer bedeckt. Der lichte Kiefernwald ist besonders in den Höhenlagen verbreitet. Im Norden der Insel wachsen die Bäume in Höhenlagen zwischen 1.500 und 2.000 Metern, im Süden zwischen 1.000 und 2.000 Metern.

Die Kiefern werden bis zu 30 Meter hoch und haben lange, biegsame Nadeln, die zu dritt gebüschelt sind; die Blütezeit ist zwischen März und April. Die Kiefern besitzen ein hartes, rot-braunes Kernholz, das früher oft für Schiffe, Häuser, Holzdecken sowie Balkone verwendet wurde. Heute allerdings steht die Kanarische Kiefer unter strengem Artenschutz und konnte sich dank eines Aufforstungsprogramms inzwischen wieder weiter ausbreiten.

Wasserfänger

Die Kanarische Kiefer ist besonders wichtig für die Wasserversorgung der Insel. Sie besitzt die Fähigkeit, die Feuchtigkeit der Passatwolken zu kondensieren, sodass sie anschließend an den langen Nadeln als Niederschlag abtropft. So wird das Wasser gefiltert und kann nicht nur den Baum, sondern auch dessen Umgebung mit Feuchtigkeit versorgen.

Darüber hinaus ist der Baum relativ feuerfest. Immer wieder haben von Trockenheit und Hitze ausgelöste Waldbrände große Waldteile auf La Palma zerstört. Doch die dicke Borke der Kiefer schützt den Stamm. Wütet das Feuer nicht zu lang und zerstört dabei auch nicht den Boden, erholen sich die Bäume und treiben neue Knospen aus.

Kiefernstamm mit Brandschaden

Bild r. gewaltige Zwillingskiefer

BLÜHENDE WALDBEWOHNER

Inmitten der Waldzonen La Palmas wachsen einige Pflanzen, die bunte Farbkleckse in die grüne Umgebung zaubern.

Zu ihnen gehört etwa die nur auf dem Kanarischen Archipel vorkommende Kanarische Glockenblume. Sie ist die Nationalblume der Kanarischen Inseln und erstrahlt in einem leuchtenden Rot. Die Kanarische Glockenblume erreicht eine Höhe von bis zu drei Metern und wächst primär im feuchten, schattigen Lorbeerwald. Ihre Blütezeit liegt in den Wintermonaten.

Baumheide

Kanaren-Knabenkraut

Eine weitere Pflanze, die man in den Wäldern antrifft, ist die für La Palma so charakteristische Baumheide. Sie kann bis zu sechs Meter hoch werden und blüht in den Monaten von Februar bis Juli.

Das Kanaren-Knabenkraut mit seinen weiß-lila Blüten findet man im lichten Kiefernwald und an felsigen Standorten.

AMERIKANISCHE EINWANDERER KAKTEEN UND AGAVEN

Auf La Palma finden sich zahlreiche mit Kakteen und Agaven bewachsenen Flächen. Die Pflanzen wurden größtenteils aus Amerika auf die Insel gebracht.

Weit verbreitet sind die Feigenkakteen, vor allem der Echte Feigenkaktus sowie der Dillenius-Feigenkaktus. Beide Arten besitzen große, mit Stacheln besetzte Blätter, wobei die des Dillenius-Kaktus größer sind.

*Blütenstand der
Amerikanischen Agave*

Blüte des Feigenkaktus

Unter den Agaven kommt die Amerikanische Agave am häufigsten vor, deren Blütenschaft eine Höhe von zehn Metern erreichen kann.

Amerikanische Agave

Dillenius-Feigenkaktus

Bild r. Echter Feigenkaktus

WOLFSMILCHGEWÄCHSE

Verschiedene Wolfsmilchgewächse sind auf La Palma weit verbreitet. Sie sind extrem vielgestaltig und können kahl oder mit feinen Haaren bewachsen sein, manche besitzen auch Stacheln und erinnern in ihrem Wuchs an Kakteen.

Neben der endemischen Kanaren-Wolfsmilch, charakteristisch für die Sukkulentenbuschzone der Insel, finden sich hier unter anderem auch die Balsam-Wolfsmilch oder die König-Juba-Wolfsmilch.

Bild o. Balsam-Wolfsmilch,
Bild l. Kanaren-Wolfsmilch

König-Juba-Wolfsmilch

DIE VEGETATION
ENTLANG DER WILDEN KÜSTE

Die meist steilen und felsigen Küstenbereiche La Palmas sind von Pflanzen geprägt, die auch unter extremen Bedingungen, d.h. in salziger Feuchtluft und auf vulkanischem Gestein, existieren können und häufig als Sukkulentenbusch vorkommen.

Dazu zählen beispielsweise der Strauchige wie auch der häufiger anzutreffende Kammförmige Strandflieder, Lavendel, die Fenchelartige Margerite oder der Hahnensporn.

Lavendel

Seidenhaarige Schizogyne

Fenchelartige Margerite

Bild o. Kammförmiger Strandflieder, Bild r. Strandflieder

ÜBERLEBENSKÜNSTLER IN ALLEN LAGEN
DAS AEONIUM

Das Aeonium gehört zur Gattung der Dickblattgewächse und hat über 35 Kanaren-Endemiten vorzuweisen, die allesamt unter internationalem Artenschutz stehen.

Allen gemeinsam ist die rosettenförmige Ausrichtung der Blätter. Der Blütenstand besteht meist aus gelblichen, weißlichen, grünlichen oder rosafarbenen Blüten. Zu den häufigsten Arten zählen das Bramwell- und das Keilblättrige Aeonium.

La Palma Aeonium

Bramwell-Aeonium

FARBRAUSCH DER HÖHENLAGEN

La Palmas Höhenlagen gehen auf fast 2.500 Meter Höhe hinauf. Durch verschiedene Faktoren sind die Lebensbedingungen für Pflanzen hier deutlich erschwert. So kann es auf diesen Höhenlagen je nach Jahreszeit im Sommer extrem warm und trocken und im Winter kalt und windig mit Eis und Schnee sein. Zudem liegt diese Region jenseits der Wolkengrenze und profitiert damit nicht mehr von dem Nebelniederschlag.

Benahoare-Ginster

Teidelack

Die charakteristischen Pflanzen dieser Region sind die Klebrige Drüsenfrucht, der Enzianähnliche Natternkopf, der Sprossende Zwergginster, der La Palma-Federkopf und der Benahoare-Ginster. Die widerstandsfähigen Pflanzensträucher bedecken zur Blütezeit wie ein farbiger Teppich den felsigen Boden.

Enzianähnlicher Natternkopf

Bild o. Sprossender Zwergginster,
Bild r. Wildprets rosablühender Natternkopf

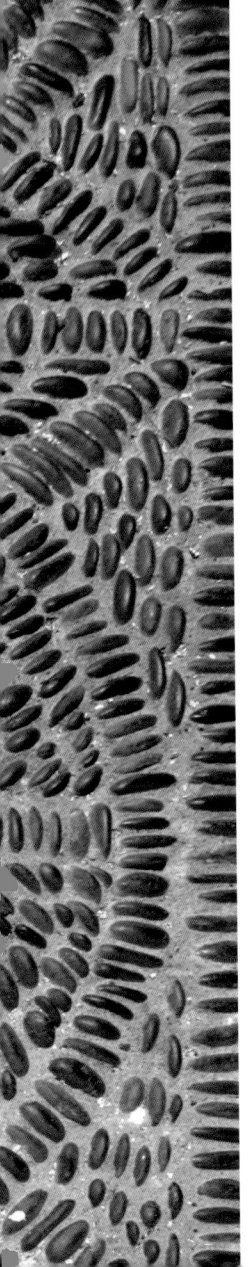

Aktivitäten

324 – 331

La Palma ist mit seiner spektakulären Landschaft ein Wanderparadies. Doch die Insel bietet noch mehr: Tauchen, Radfahren, Reiten und andere Aktivitäten sorgen für eine aktive und abwechslungsreiche Reise.

Reiseinformationen

332 – 339

Das Leben auf der Insel ist von Entschleunigung und Abgeschiedenheit geprägt. Um die Reise optimal vorzubereiten, lohnt sich ein Blick auf die Reiseinformationen mit allen wichtigen Bestimmungen und Adressen.

Sprachführer

340 – 343

Im Alltag bestehen und neue Freunde gewinnen. Der Schlüssel dazu liegt in der Sprache des Reiseziels. Um die Kommunikation zu erleichtern, finden sich Aussspracheregeln und hilfreiche Vokabeln in unserem Sprachführer.

Schlagwortverzeichnis

344 – 345

Die wichtigsten Ortsnamen und Sehenswürdigkeiten finden sich samt der Seitenzahl für detaillierte Informationen im Schlagwortverzeichnis.

WANDERN AUF LA PALMA

La Palma ist ein kleines Wanderparadies. Das ganzjährig milde Klima und die abwechslungsreiche Landschaft eignen sich ideal für lange Wanderungen weit ab vom Massentourismus.

Die bekanntesten Wandergebiete sind die Cumbre Vieja, die Caldera de Taburiente und die zerklüftete Nordküste der Insel. Dies sind jedoch meist anspruchsvolle Touren, die eine gute Kondition und Trittsicherheit voraussetzen. Natürlich gibt es auch leichtere Variationen der großen Touren für den nicht ganz so ausdauernden Wanderer.

Eigentlich eignet sich La Palma das ganze Jahr über für einen Wander-Urlaub, von Juli bis September kann es jedoch recht heiß werden. Nahezu regenfrei ist es von März bis Juni, aber auch sonst findet man fast immer einen sonnigen Teil der Insel zum Wandern.

Ausgestattet sollte man mit knöchelhohen guten Wanderschuhen sein. Ansonsten benötigt man ausreichend Proviant und vor allem Wasser. Viel Sonnencreme und eine Regenjacke sind auch nie verkehrt. Regen kann manchmal recht plötzlich hereinbrechen und die Sonne ist intensiver als man denkt.

Auf La Palma gibt es keine Berghütten, wie man sie aus den Alpen kennt. Die Einkehrmöglichkeiten beschränken sich in der Regel auf Restaurants und Bars in den nächsten Ortschaften.

Man sollte sich vor Antritt der Wanderung auf jeden Fall über das Wetter informieren. Bei Calima oder längeren Trockenphasen kann Waldbrandgefahr herrschen. Nach starken Regenfällen können außerdem Hänge abrutschen oder abbrechen. Zur Sicherheit sollte man immer ein Handy bei sich tragen.

Behält man diese Dinge im Hinterkopf und kommt nicht vom Weg ab, ist ein schönes Wandererlebnis auf La Palma garantiert.

DIE GRÜNEN TAXEN

La Palma verfügt über wenige Rundwanderwege. Aus diesem Grund gibt es das Angebot der Taxis Verdes, sogenannte »Grüne Taxen«. An 23 strategischen Stellen der Insel, z.B. entlang der Höhenstraße oder an der Cumbrecita, befinden sich Schilder mit der Nummer der jeweiligen Taxizentrale. Von oder zu diesen Haltestellen finden Fahrten für Wanderer statt. Um Wartezeiten zu vermeiden, können die Fahrten auch vorab gebucht und terminiert werden.

WEGMARKIERUNGEN

GR — (Gran Recorrido) oder »Große Route«

Bei einem mit einem roten GR gekennzeichneten Wanderweg handelt es sich um eine große Route, die mehrere Hundert Kilometer lang sein kann. So gekennzeichnete Wanderwege sind üblicherweise in mehreren Tagesetappen zu bewältigen.

PR — (Pequeño Recorrido) oder »Kleine Route«

Bei mit einem gelben PR gekennzeichneten Wanderwegen handelt es sich um Tagestouren. Sie sind höchstens 30 Kilometer lang.

SL — (Sendero Local) oder »Lokaler Weg«

Mit einem grünen SL sind Kurzwanderwege ausgeschildert, die binnen weniger Stunden gewandert werden können und in Ortsnähe verlaufen.

Dem Weg geradeaus Folgen

Ein zweifarbiges »Ist-gleich«-Zeichen bedeutet, dass dem geradeaus verlaufenden Weg zu folgen ist. Der obere Balken ist grundsätzlich weiß, der untere farbig.

Falsche Richtung

Ein zweifarbiges »X« weist darauf hin, dass man in die falsche Richtung geht.

Richtungswechsel

Zweigen die beiden parallel zueinander verlaufenden Balken ab, so weist dies auf einen bevorstehenden Richtungswechsel hin.

Starker Richtungswechsel

Kommt es zu einem starken Richtungswechsel, so gleicht das hierauf hinweisende Zeichen dem Zeichen für »Gerade aus gehen« bis auf ein wichtiges Detail: Darunter zeigt ein weißer Balken in die Richtung, die es nun einzuschlagen gilt.

RADFAHREN

Mit dem abwechslungsreichen Land-schaftsbild und den hohen Gebirgs-zügen ist La Palma ein absolutes Para-dies für Mountainbiker.

Für die außergewöhnliche Touren-vielfalt werden Teile des gut ausge-schilderten Wanderwegnetzes genutzt, das insgesamt über 1.000 Kilometer umfasst. Die einzelnen Strecken sind zwischen knapp 30 und knapp 80 Kilo-metern lang. Sie führen zum Teil durch Lorbeer- und Kiefernwälder hindurch, über Vulkanaschefelder, die sich ent-lang der Cumbre erstrecken, oder über die hohen Gebirgszüge der Insel. Da dabei oftmals Höhenunterschiede von 1.500 bis 2.000 Metern überwunden werden müssen, sollte man über eine sehr gute Kondition verfügen.

Zahlreiche Anbieter verleihen sowohl Mountainbikes als auch die erforder-liche Ausrüstung.

Bike'n fun La Palma
Calle Calvo Sotelo 20
E-38760 Los Llanos de Aridane
Tel.: +34 922 401 927
www.bikenfun.de

Oft organisieren sie auch geführte Gruppentouren. Diese empfehlen sich vor allem für weniger geübte Fahrer.

Besitzt man eine gewisse Grundkonditi-on für Bergfahrten, kann man Teile der Insel auch mit dem Rennrad erkunden. Dabei muss man sich allerdings an die befahrenen Straßen halten, da es keine ausgewiesenen Routen für Rennrad-fahrer gibt. Für »genussorientierte Hobbyradler« eignet sich La Palma hin-gegen nicht unbedingt.

Grundsätzlich besteht auf La Palma Helmpflicht. In der Caldera de Taburi-ente und auf der Ruta de los Volcanes (Vulkanroute) ist das Radfahren ver-boten, es gibt jedoch Routen, die in unmittelbarer Nähe dazu verlaufen.

REITEN

Für Pferdefreunde besteht die Mög-lichkeit, die vielfältige Natur La Palmas auch auf dem Rücken eines Pferdes zu erkunden. Über die Insel verteilt bieten eine Handvoll Reitställe sowohl Reit-kurse als auch geführte Ausritte und Tagestouren für Anfänger wie Fortge-schrittene an.

Am bekanntesten ist die Finca Corazón in Tacande, die sich einige Kilometer südlich von El Paso befindet. Darüber hinaus werden Kamelritte über die Vul-kane im Süden La Palmas angeboten.

WASSERSPORT

SURFEN

Aufgrund der steilen Felsküste und der starken Brandung gibt es auf La Palma nur wenige Spots, die sich zum Surfen eignen. Dazu zählt die im Nordosten gelegene Playa de Nogales, der schönste Strand der gesamten Insel, die Playa Nueva bei Puerto Naos an der Westküste sowie die Playa de la Zamora im äußersten Südwesten.

Da auf La Palma keine Surfstation vertreten ist, muss die Surfausrüstung selbst mitgebracht werden.

TAUCHEN

Die artenreiche Meeresfauna lässt das Taucherherz in den Gewässern um La Palma höher schlagen. Zwischen bizarr geformten Vulkangesteinsformationen, Grotten und beeindruckenden, steil abfallenden Felswänden trifft man auf schwarze Korallen, Anemonen, Gespensterkrabben, Muränen, Rochen, Barrakudas und mit etwas Glück sogar auf Thunfische, Wasserschildkröten, Delfine oder Haie.

BESONDERS SCHÖNE TAUCHSPOTS:

- Los Cancajos –
  »Die Kralle«, »Kapellenhöhle«
- Bajón de las Jaulas
- La Bombilla –
  »Lavakegel«, »Irrgarten«, »Rundtour«, »Außenriff«
- Malpique – »Friedhof«, »Außenriff«, »Nordroute«, »Felsnadel«
- Arcos del Charco Verde
- Puerto Naos

Tauchpartner La Palma
Paseo Maritimo, 1a
E-38750 Puerto Naos, Los Llanos de Aridane
Tel.: +34 922 408 253
www.tauchpartner-lapalma.de

Buceo Sub La Palma
H10 Costa Salinas local 3
E-38712 Los Cancajos, Breña Baja
Tel.: +34 922 181 113
www.4dive.org

La Palma Diving Center
Centro Commercial Los Cancajos
E-38712 Breña Baja
Tel.: +34 922 181 393
www.la-palma-diving.com

SEGELN

Aufgrund der ganzjährig milden Temperaturen und der stabilen Windverhältnisse durch die Passatwinde sind die Gewässer um La Palma ein hervorragendes Segelrevier. Zwar sorgen die Düseneffekte zwischen den Inseln hin und wieder für eine anspruchsvolle Partie, die Mühe wird jedoch mit traumhaften Buchten, die zum Teil nur auf dem Wasserweg erreichbar sind, kleinen, schönen Häfen und der atemberaubenden Steilküste La Palmas belohnt. Die zwei Boote des einzigen Anbieters für organisierte Segeltouren liegen im Puerto de Tazacorte.

Mit dem eigenen Segelboot kann man ebenfalls dort anlegen oder den großen Hafen von Santa Cruz de La Palma ansteuern.

BOOTSAUSFLÜGE

Auf La Palma werden regelmäßige Bootsausflüge angeboten. Zu den ansprechendsten Zielen zählen die Piratenbucht, die Cueva Bonita oder auch die wildromantische Bucht Playa de la Veta. Die beiden Letztgenannten sind ausschließlich über den Wasserweg zu erreichen. Außerdem kann man auch an organisierten Whale-Watching-Touren teilnehmen.

Das Ausflugsschiff Fancy II ist im begehbaren Rumpf mit großen Unterwasserfenstern ausgestattet, was die Fahrt zu einem besonderen Erlebnis werden lässt. Sowohl die Fancy II als auch die Ausflugsflotte Bussard liegen im Hafen von Puerto de Tazacorte.

ANGELN UND HOCHSEEFISCHEN

Auf La Palma gibt es viele Orte, an denen das Angeln mit einfacher Ausrüstung möglich ist. Da der Meeresboden in Küstennähe bis zu 1.000 Metern Tiefe steil abfallen kann, muss man sich für eine interessante Ausbeute nicht weit von der Küste entfernen. Der Papageienfisch oder der Zackenbarsch zählen zu den üblichen Angelfischen.

Vom Puerto de Tazacorte aus starten außerdem rund ums Jahr regelmäßig Ausfahrten zum Hochseefischen. Die Gewässer um La Palma gelten als eines der besten Big-Game-Reviere der Kanaren. Mit ein bisschen Glück bekommt man hier Thunfische, Blue Marlins, Rochen, Barrakudas oder sogar Haie an den Haken.

HÖHLENKUNDE

Wer sich für Höhlen und ihre Geschichte interessiert, wird auf La Palma an zahlreichen, über die gesamte Insel verteilten Orten fündig.

Zu den bekanntesten Höhlen zählt die Cueva de Todoque, die 1949 durch die Eruption des Volcán San Juan entstand. An einigen Standorten lassen sich auch Petroglyphen entdecken, Felsritzzeichnungen aus der Zeit der Ureinwohner. Die erste belegte Fundstätte solcher Zeichnungen findet sich in der Cueva Belmaco, wenige Kilometer südlich von Villa de Mazo.

Da das Erkunden der Höhlen auf eigene Faust sehr gefährlich sein kann, empfiehlt es sich, an einer geführten Höhlentour teilzunehmen.

palmaventura
Av Venezuela, 22E
E-38750 El Paso
Mobil: +34 638 590 453
www.facebook.com/palmaventura.
ocioaventura/

GLEITSCHIRMFLIEGEN

La Palma lädt zu beeindruckenden Gleitschirmflügen ein. Über die abwechslungsreiche Naturlandschaft der Vulkaninsel gleitet man über Kiefernwälder, hübsche Buchten und atemberaubende Steilwände hinweg.

Allerdings ist Gleitschirmfliegen auf La Palma häufig anspruchsvoll und eher für Fortgeschrittene geeignet. Bei manchen Anbietern können jedoch Tandemflüge gebucht werden.

Die meisten Startplätze findet man zwischen Las Manchas und Fuencaliente. Der Landeplatz ist meist in Puerto Naos. Es gibt aber auch andere Start- und Landeplätze über die ganze Insel verteilt.

Palmaclub Aventura
Calle Juana Tabares
38769 Puerto Naos
Tel.: +34 672 284 431
www.palmaclub.com/

KLETTERN & CANYONING

Kontrastreiche Geländereliefs machen die wenigen Kletterspots auf La Palma besonders reizvoll. Im Barranco del Agua warten über 100 Routen auf Kletterer, die sich an den bis zu 40 Meter hohen, vertikalen Felswänden versuchen wollen. Weitere präparierte Klettergebiete gibt es im Barranco de la Madera und an der Felsnadeln des Vulkans Tajuya.

Für das Canyoning bieten sich drei Orte an. Die einfachste, aber dennoch sehr spektakuläre Schlucht ist der Barranco de Fagundo im Norden der Insel. Daneben gibt es die Schlucht von Marcos y Corderos im Lorbeerwald von Los Tilos und den Barranco de las Grajas, den man vom Roque de los Muchachos aus erreicht.

TENNIS

Alle größeren Hotels auf La Palma verfügen über einen Tennisplatz. In Sportclubs wie dem Sportzentrum »Ciudad Deportiva Miraflores« in Santa Cruz de La Palma oder dem »Club de Tennis« in Breña Alta können auch Gastspieler gegen Gebühr und mit eigenem Schläger die Tennisplätze nutzen. Die genauen Konditionen sollten vorher bei den Clubs erfragt werden.

EINKAUFEN

Die typisch spanischen Märkte sind wie im ganzen Land auch auf La Palma vertreten. Neben frischem Obst, Gemüse und anderen Lebensmitteln kann man hier auch Kleidung, Schmuck, Keramikarbeiten oder Handwerkskunst erwerben.

In den größeren Ortschaften wie Santa Cruz, Los Llanos oder Fuencaliente finden sich Markthallen, die in der Regel täglich geöffnet haben, während in den kleineren Orten einmal wöchentlich ein Markt stattfindet.

Supermärkte mit internationalem Standard sind ebenfalls in den meisten größeren Ortschaften vertreten. Darüber hinaus gibt es kleinere Lebensmittelläden, die ebenfalls über ein relativ breit gefächertes Angebot verfügen.

Beliebte Souvenirs sind Kunsthandwerksartikel, Zigarren, Wein oder lokale Lebensmittelspezialitäten wie Ziegenkäse, Süßspeisen oder Inselhonig.

Allgemeine Öffnungszeiten:

Supermärkte sowie die Geschäfte der größeren Urlaubsorte haben meist täglich durchgehend von 9 bis 21 Uhr geöffnet, manche sogar bis 24 Uhr. Im Gegensatz dazu legen die Läden der kleineren Ortschaften von 13 bis 16 Uhr eine Mittagsruhe ein und schließen an Sonntagen.

MÄRKTE

Mercado Los Llanos - Lebensmittelmarkt

Ein breites Angebot an landwirtschaftlichen Produkten: Obst, Gemüse, Käse, Eier, Honig. Auch ein schönes Sortiment an Fisch und Fleisch ist hier zu finden, wie z.B. Huhn, Kaninchen, Ziege, Rind und Schwein. Draußen vor dem Tor, unter einem Lorbeerbaum werden zudem Schnittblumen verkauft.

Montag bis Samstag: 6:00 bis 14:00 Uhr

Mercadillo Municipal de Villa de Mazo — Bauernmarkt

Besondere Spezialitäten aus La Palma: Ziegenkäse, Honig, Liköre, Schnaps, Obst, Gemüse, Marmeladen, Kräuter und Oliven. Außerdem werden Fisch, Fleisch und verschiedene Soßen angeboten.

Samstag 11.00 – 19.00 Uhr,
Sonntag 9.00 – 13.00 Uhr

Mercado Los Llanos — Argual - Flohmarkt

In Argual, zwischen Los Llanos und Tazacorte, direkt an der Plaza Sotomayor. Der Markt ist relativ groß und viele Anbieter versuchen hier, Kunsthandwerk, Öko-Produkte sowie Naturkost an den Verbraucher zu bringen. Vor allem deutsche Touristen schlendern gerne an den Verkaufsständen entlang. Im Glasstudio »Artefuego« schaffen zwei Glaskünstler besondere Kunstwerke. Es handelt sich hierbei um mundgeblasene und handgearbeitete Einzelteile aus hochwertigem Kristallglas verbunden mit dem palmerischen Lavagestein.

Sonntag: 9:00 bis 14:00 Uhr

Mercado Municipal Santa Cruz - Markthalle

In der historischen Markthalle von Santa Cruz de La Palma neben dem Teatro Chico gibt es ein reiches Angebot an

Früchten, Gemüse, Fleisch, Fisch und Marmeladen. Typisch kanarische Erzeugnisse sind dabei Mojo-Soßen und Safran. Aber auch der berühmte Wein der Insel oder der palmerische Kastanienhonig sind im Angebot enthalten.

Montag bis Freitag: 7.00 bis 14.00 Uhr
Samstag: 7.00 bis 15.00 Uhr

Mercadillo Puntagorda — El Fayal — Bauernmarkt/ Flohmarkt

An Wochenenden wird in dem entzückenden Waldstück am Rastplatz El Fayal ein Markt aufgebaut. Das Gelände ist ein beliebter Treffpunkt im Grünen unter den Kiefern von Puntagorda. Er eignet sich bestens zum Picknicken und Grillen. Spielplätze machen ihn außerdem zu einem idealen Platz für Familien mit Kindern. Neben Obst, Gemüse, Käse, Wein und Honig werden auch Naturkosmetik, Keramik, Schmuck und Zigarren angeboten. Jeden ersten Samstag im Monat gibt es zusätzlich einen Flohmarkt. Dieser eignet sich bestens, um Waren zweiter Hand billig zu ergattern.

Samstag: 15:00 bis 19:00 Uhr
Donnerstag: 11:00 bis 15:00 Uhr

DOKUMENTE & REISEAPOTHEKE

Einreise

Für die Einreise aus Deutschland, Österreich oder der Schweiz genügt ein gültiger Personalausweis. Kinder unter 16 Jahren können auch mit einem Kinderausweis samt Lichtbild einreisen.

Einreise mit Haustieren

Möchte man Hunde, Katzen oder Frettchen nach La Palma mitnehmen, so benötigt man seit 2004 den sogenannten EU-Heimtierpass, der von Tierärzten ausgestellt wird. Da die meisten Hotels auf der Insel allerdings keine Haustiere akzeptieren, sollte die Reise im Voraus gut geplant sein.

Krankenversicherung

In Deutschland gesetzlich Krankenversicherte haben in Spanien im akuten Not-/Krankheitsfall Anspruch auf Behandlung bei jenen Ärzten und Krankenhäusern, die vom ausländischen gesetzlichen Krankenversicherungsträger zugelassen sind. Als Nachweis müssen Versicherte die europäische Krankenversicherungskarte (EHIC) oder eine Ersatzbescheinigung vorlegen. Beide Dokumente sind bei der eigenen Krankenkasse erhältlich.

Unabhängig davon kann eine Auslandsreisekrankenversicherung sinnvoll sein.

Impfungen & Reiseapotheke

Für La Palma sind keine Impfungen vorgeschrieben oder empfohlen. Sonnenschutz und eine kleine Reiseapotheke sollten aber nicht im Gepäck fehlen.

BARRIEREFREI REISEN

Für in ihrer Bewegungsfreiheit eingeschränkte Menschen hat die Inselregierung von La Palma spezielle Ausrüstungen, sogenannte Joëletten, angeschafft, die sowohl für die Inselbewohner als auch für die Touristen zur Verfügung stehen. Dabei handelt es sich um einrädrige Geländerollstühle, die von zwei Personen geschoben bzw. gezogen werden müssen. Naturschwimmbecken in La Fajana verfügen über behindertengerechte Anlagen.

ANREISE

Der internationale Inselflughafen wird von allen größeren deutschen und europäischen Flughäfen aus angeflogen. Charterfluggesellschaften wie AirBerlin oder Condor bieten Direktflüge nach La Palma an, Linienmaschinen legen dagegen einen Zwischenstopp auf dem spanischen Festland oder auf den Nachbarinseln Teneriffa oder Gran Canaria ein. Für den weiteren Reiseweg kann man zwischen einem Inlandsflug oder einer Schiffsüberfahrt wählen.

Die Flugzeit von Deutschland nach La Palma beträgt ca. vier Stunden. Wer mit dem Schiff anreist, muss mehr Zeit mitbringen.

Eine Anreise mit dem Schiff bedeutet einen größeren Zeitaufwand. Die Strecke Cadíz – Santa Cruz de La Palma wird einmal wöchentlich von der Schifffahrtsgesellschaft Trasmediterránea bedient und dauert etwa 2 ½ Tage.

ZOLL

Die Kanaren bilden ein steuerrechtliches Sondergebiet. Aus diesem Grund müssen bei der Einreise gewisse Obergrenzen beachtet werden, die unter anderem für Tabakwaren, Alkohol, Arzneimittel und Kraftstoffe gelten.
Andere Waren können von Schiffs- und Flugreisenden bis zu einem Warenwert von 430,– Euro zollfrei eingeführt werden.
Für Reisende unter 15 Jahren gilt ein maximaler Warenwert von 175,– Euro.

ARZT & APOTHEKEN

ARZT & KLINIKEN

Die medizinische Versorgung auf den Kanaren entspricht dem europäischem Standard, allerdings muss vieles direkt vor Ort bezahlt werden. Das Krankenhaus »Hospital de General de La Palma« befindet sich in Breña Alta, etwa neun Kilometer von Santa Cruz entfernt. Darüber hinaus gibt es in nahezu jedem Ort ein »Centro Medico« oder ein »Centro de Salud«. Spanischkenntnisse sind hier von Vorteil, in der Regel sprechen die Ärzte aber auch ein wenig Deutsch oder Englisch. Auf La Palma haben sich außerdem einige deutsche Ärzte niedergelassen.

APOTHEKEN

Apotheken gibt es in allen großen sowie in den meisten kleinen Ortschaften La Palmas. Sie sind an einem grünen Kreuz auf weißem Hintergrund und der Aufschrift »farmacía« zu erkennen. Informationen über die jeweils diensthabende Notapotheke können dem Anschlag »farmacía de guardia« entnommen werden, der in jeder Apotheke aushängt. Nach 22 Uhr werden Medikamente nur noch gegen Rezept ausgehändigt.

VERKEHR

VERKEHRSBESTIMMUNGEN

 Wie in ganz Spanien gilt auch auf den Kanaren eine zulässige Höchstgeschwindigkeit von 50 km/h innerorts und 90 km/h außerorts. Eine Autobahn gibt es derzeit noch nicht. Der erlaubte Blutalkoholwert beträgt maximal 0,5 Promille bzw. 0,3 Promille für Fahranfänger, die ihren Führerschein weniger als zwei Jahre besitzen.

Bei Autofahrten müssen Führerschein und Ausweis mitgeführt werden. In Autos besteht auf allen Sitzen Gurtpflicht, für Motorradfahrer gilt eine allgemeine Helmpflicht. Kinder unter 12 Jahren dürfen nicht auf den Vordersitzen mitreisen und benötigen geeignete Kindersitze. Gelbe Linien signalisieren ein Park-, rote Linien ein Halteverbot. Innerhalb blauer Markierungen ist das Parken erlaubt, aber kostenpflichtig.

REISEN AUF LA PALMA

La Palma verfügt über ein gut ausgebautes Busnetz, mit dem man inzwischen nahezu alle Orte erreichen kann. Tickets können direkt im Bus (spanisch: »guagua«) gelöst werden. Für Vielfahrer lohnen sich Mehrfachfahrkarten, da diese um 20 Prozent ermäßigt sind.

Sie können allerdings ausschließlich an den Busbahnhöfen erworben werden.

An den Haltestellen finden sich in der Regel entweder keine oder nur einheitliche, für die gesamte Insel geltende Busfahrpläne, die lediglich die Abfahrtszeiten vom jeweiligen Startpunkt der Busrouten angeben. Aus diesem Grund sollte man sich in den Touristenbüros oder an den Busbahnhöfen einen ausführlichen Fahrplan für die jeweils gewünschte Strecke besorgen.

TAXI

Taxifahren auf La Palma ist mit einem Kilometerpreis von rund 1,20 Euro relativ günstig. Die Taxis sind mit Taxametern ausgestattet, für längere Strecken gilt meistens ein fester Tarif. In der Regel wird nur Bargeld akzeptiert. Gepäckstücke (ca. 1 Euro/Stück) und Wartezeiten werden extra berechnet. Darüber hinaus ist zu beachten, dass Feiertags- und Nachtfahrten stets teurer sind.

TAXI

Taxirufe:
Santa Cruz:	+34 922 416 070
Breña Baja:	+34 922 434 046
Fuencaliente:	+34 922 440 825
Puerto Naos:	+34 628 676 110
Los Llanos:	+34 922 403 540
El Paso:	+34 922 485 003
Garafía:	+34 922 400 103
Barlovento	+34 922 186 069

FLUGVERKEHR

Die beiden kanarischen Fluggesell-
schaften Islas Airways und Binter
Canarias unterhalten tägliche Flugver-
bindungen zwischen den Kanarischen
Inseln.

Von La Palma aus werden am häufigsten Teneriffa (Nord) und Gran Canaria
angeflogen. Die Flugzeiten zwischen
den einzelnen Inseln betragen etwa 30
bis 50 Minuten.

Binter Canarias
Tel.: +34 902 391 392
Homepage: www.bintercanarias.com

Canaryfly
Tel.: +34 902 808 065
Homepage: www.canaryfly.es/

FÄHRVERKEHR

Die Reederei Fred
Olsen bietet tägliche
Fährverbindungen von La Palma nach
Teneriffa an, während das Fährunter-
nehmen Trasmediterránea La Palma
einmal wöchentlich mit Teneriffa und
Gran Canaria verbindet. Mehrmals
wöchentlich werden alle Kanarischen
Inseln von der Schifffahrtsgesellschaft
Naviera Armas angefahren.

Trasmediterránea
Tel.: +34 902 454 645
Homepage: www.trasmediterranea.es

Naviera Armas
Tel.: +34 928 300 600
Homepage: www.navieraarmas.com

Fred Olsen Express
Tel.: +34 902 100 107
Homepage: www.fredolsen.es

AUTOVERMIETUNG

La Palma verfügt über
ein dichtes Mietwagen-
netz. Internationale wie
lokale Anbieter sind am Flughafen sowie in allen größeren Orten vertreten.
Der Mieter darf nicht jünger als 21 Jahren sein und muss den Führerschein
schon mindestens ein Jahr besitzen.

INTERNATIONALE ANBIETER

Avis
Deutschland: +49 1805 217 702
Österreich: +43 800 0800 87 57
Schweiz: +41 848 811 818
Homepage: www.avis.de

europcar
Deutschland: +49 180 58 000
Österreich: +43 186 616 163 3
Schweiz: +41 848 808 099
Homepage: www.europcar.de

Hertz
Deutschland: +49 1805 333 535
Österreich: +43 1 795 32
Schweiz: +41 848 822 020
Homepage: www.hertz.de

LOKALER ANBIETER

Cicar
Flughafen La Palma
La Bajita s/n
E-38738 Villa de Mazo
Tel.: +34 928 822 900
Büro Santa Cruz
Estación Marítima 9
E-38738 Santa Cruz de La Palma
Tel.: +34 928 822 900
Homepage: www.cicar.com

Autos Oasis La Palma
Centro Cancajos 301
E-38712 Breña Alta
Tel.: +34 922 434 409
Homepage:
www.oasis-la-palma.com

Autos Soyka
C/ General Yague 13
E-38760 Los Llanos de Aridane
Tel.: +34 922 463 390
Homepage: www.autosoyka.de

**Honorarkonsulat
der Bundesrepublik Deutschland**
Avda. Marítima 66
E-38700 Santa Cruz de La Palma
Tel.: +34 922 42 06 89
Fax: +34 922 41 32 78
E-Mail:
santa-cruz-de-la-palma@hk-diplo.de

Homepage:
www.las-palmas.diplo.de
Öffnungszeiten:
Mo – Fr: 10:00 – 13:00 Uhr

**Honorarkonsulat der
Republik Österreich**
Avda de Italia 6
E-35100 Playa del Ingles / Las Palmas
Tel.: +34 928 76 13 50
E-Mail:
consuladodeaustria@gmail.com

KONSULATE

**Konsulat der
Bundesrepublik Deutschland**

C/ Albareda 3-2
E-35007 Las Palmas de Gran Canaria
Tel.: +34 928 491 880
Homepage: www.las-palmas.diplo.de

Öffnungszeiten:
Mo – Fr: 09:00 – 12:00 Uhr
oder nach telefonischer Vereinbarung
Feiertage: geschlossen

**Schweizer
Honorarkonsulat**

Urbanización Bahía Felíz
Edificio de Oficianas 1
E-35107 Playa de Tarajalillo/
Gran Canaria
Tel.: +34 928 157 979
E-Mail: laspalmasgc@honrep.ch
Homepage: www.eda.admin.ch

FREMDENVERKEHRSAMT

Cabildo Insular de
la Palma
Avda. Marítima 34
E-38700 Santa Cruz de La Palma
Tel.: +34 922 423 340/341/342
Fax: +34 922 423 347

E-Mail:
informacion@visitlapalma.es
Homepage:
www.visitlapalma.es

UHRZEIT

Die Kanarischen Inseln liegen im Gegensatz zum spanischen Festland in der Westeuropäischen Zeitzone (WEZ). Deutsche Urlauber aus der Mitteleuropäischen Zeitzone müssen ihre Uhr auf La Palma demnach um eine Stunde zurückstellen. Da dort ebenfalls auf Sommer- und Winterzeit umgestellt wird, besteht die zeitliche Differenz rund ums Jahr.

TRINKGELD

Wie in Deutschland ist auch in Spanien ein Trinkgeld von fünf bis zehn Prozent des Preises üblich, allerdings lässt man es aus Höflichkeitsgründen beim Verlassen des Lokals auf dem Tisch liegen. Bei Taxifahrten rundet man in der Regel auf und auch Zimmermädchen sowie Gepäckträger freuen sich über einen kleinen Bonus.

NOTRUF

Zentraler Notruf: 112
Polizei, Feuerwehr, Arzt

Sperrung: +49 116 116
EC-/Kredit-/Krankenkassenkarten,
Handys

ADAC-Notfallnummer:
+49 89 222 222

WÄHRUNG & BANKEN

In Spanien ist der Euro offizielles Zahlungsmittel. Kreditkarten wie Mastercard oder Visa werden in der Regel überall akzeptiert. Bank- (»bancos«) und Sparkassen- (»cajas«) Filialen sind über die ganze Insel verteilt. Vertreten sind außerdem Geschäftsstellen internationaler Großbanken wie der Deutschen oder der Santander Bank.

Geldautomaten finden sich in allen Bankfilialen, Einkaufszentren, größeren Hotels und am Flughafen. Dort kann mit EC-Karten, die ein Maestro- oder Cirrus-Zeichen tragen, sowie allen gängigen Kreditkarten Geld abgehoben werden.
Geldwechsel, z. B. Schweizer Franken in Euro, können in der Ankunftshalle am Flughafen oder in den meisten Hotels getätigt werden.
Die Banken und Sparkassen sind in der Regel Montag bis Samstag vormittag und im Winter (Oktober – Juni) auch Donnerstag nachmittag geöffnet.

KOMMUNIKATION

Telefon:

Für ein Telefonat von La Palma nach Deutschland wählt man die Ländervorwahl 0049 (für Österreich: 0043, für die Schweiz: 0041) vor, für ein Telefonat nach La Palma die spanische Ländervorwahl 0034. 922 lautet die interne Inselvorwahl.

Die blaugrünen Telefonzellen der lokalen Telefongesellschaft Telefónica sind auf der gesamten Insel vertreten. Da Auslandsgespräche mit Münzeinwurf relativ teuer sind, lohnt sich die Anschaffung einer Telefonkarte.

Internet

Die meisten Hotels, Apartments und Fincas verfügen inzwischen über einen Internetzugang. Darüber hinaus gibt es in den größeren Ortschaften auch Internetcafés.

Post

Correos y Telégrafos

Briefe und Karten werden in der Regel per Luftpost befördert und sind von den Kanaren nach Mitteleuropa mindestens fünf Tage unterwegs.

Briefmarken können bei der Post oder in Souvenirläden erworben werden. Auf La Palma haben die Postämter (»correos«) in der Regel montags bis freitags von 9:00 bis 14:00 Uhr, samstags bis 13:00 Uhr geöffnet und sind in allen größeren Ortschaften vertreten.

ÖFFNUNGSZEITEN

abierto

Die Geschäfte auf La Palma haben in der Regel werktags von 9:00 bis 20:00 Uhr geöffnet. Während kleinere Läden für gewöhnlich zwischen 13:00 und 16:00 Uhr eine Siesta einlegen, stehen Supermärkte und größere Einkaufszentren durchgehend und zum Teil sogar bis 21:00 Uhr zur Verfügung. In Touristenorten wie Los Cancajos oder Puerto Naos haben einige Geschäfte zusätzlich an Sonn- und Feiertagen geöffnet.

EINKAUFEN & PREISE

Die Lebensmittel und Produkte des täglichen Bedarfs sowie deren Preise entsprechen auf La Palma weitgehend dem aus Deutschland bekannten Niveau. Verhältnismäßig preiswert sind meist Parfüms, Spirituosen oder Zigaretten. Obst und Gemüse sind auf den Märkten in der Regel von hoher Qualität und relativ günstig zu erwerben.

Im »Centrocancajos« in der Feriensiedlung Los Cancajos findet sich das größte Einkaufszentrum der Insel, während der größte Supermarkt La Palmas in Santa Cruz ansässig ist.

FEIERTAGE

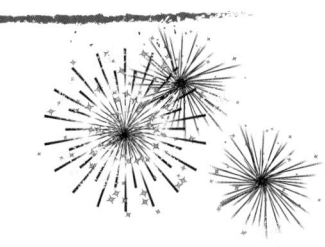

Auf La Palma gibt es zahlreiche Feiertage, die überwiegend kirchlichen Ursprungs und den Schutzheiligen der Inselorte geweiht sind. Während der Feierlichkeiten finden in der Regel lange Prozessionen statt, anschließend wird mit Musik, Tanz und kulinarischen Köstlichkeiten ausgiebig gefeiert.

Das bedeutendste Fest La Palmas ist die Bajada de la Virgen de las Nieves, die nur alle fünf Jahre in Santa Cruz stattfindet.

Außerdem spielt der alljährliche Karneval eine wichtige Rolle.

Gesetzliche Feiertage:

- 1. Januar –
  Neujahrstag (Año Nuevo)
- 6. Januar –
  Tag der Heiligen Drei Könige
  (Día de los Reyes)
- 19. März – Josefstag (San José)
- beweglicher Feiertag –
  Gründonnerstag (Jueves Santo)
- beweglicher Feiertag –
  Karfreitag (Viernes Santo)
- beweglicher Feiertag –
  Ostersonntag (Pascua)
- 1. Mai – Tag der Arbeit
  (Día del Trabajo)
- 30. Mai – Tag der Kanaren
  (Día de las Islas)
- beweglicher Feiertag –
  Pfingstsonntag (Pentecostés)
- beweglicher Feiertag –
  Fronleichnam (Corpus Christi)
- 25. Juli – Tag des Heiligen Jakobus
  (Santiago Apóstel)
- 15. August – Maria Himmelfahrt
  (Asunción)
- 12. Oktober – Tag der Entdeckung
  Amerikas (Día de las Hispanidad)
- 1. November – Allerheiligen
  (Todos los Santos)
- 6. Dezember – Tag der Verfassung
  (Día de la Constitución)
- 8. Dezember – Maria Empfägnis
  (Immaculada Concepción)
- 25. Dezember – Weihnachten
  (Navidad)

Interessant ist auch, dass die weihnachtliche Bescherung in vielen Familien nicht wie in Deutschland am 24. Dezember stattfindet, sondern erst am 6. Januar, am Tag der Heiligen Drei Könige. Gefeiert wird jedoch an beiden Tagen.

SPRACHFÜHRER

Auf den Kanarischen Inseln spricht man einen speziellen Dialekt, der mehr Gemeinsamkeiten mit dem Lateinamerikanischen als mit dem Kastilischen aufweist und sich durch einen weichen, melodischen Klang auszeichnet.

Während im Kastilischen beispielsweise das »c« vor einem »e« oder »i« wie ein englisches »th« ausgesprochen wird, klingt es im Kanarischen wie ein »s«, die Laute »c« und »s« werden demnach gleich ausgesprochen.

EINIGE AUSSPRACHE-REGELN:

- »c« vor »a, o, u« wird wie »k« ausgesprochen, z. B. bei »casa«; »c« vor »e, i« wird wie ein »s« ausgesprochen, z. B. bei »gracias«
- »ch« wird wie stimmloses deutsches »tsch« in »Tschüss« ausgesprochen, z. B. bei »mucho«
- »g« vor »e, i« wird wie »ch« in »Bach« gesprochen, z. B. bei »generoso«
- »h« am Anfang eines Wortes wird grundsätzlich nie gesprochen, z. B. bei »Hola«
- »j« wird immer wie »ch« in »Bach« gesprochen, z. B. bei »jardín«
- ein doppeltes »l« wird wie deutsches »j« ausgesprochen, z. B. bei »tortilla«
- »ñ« wird wie »nj« in »Tanja« ausgesprochen, z. B. bei »montaña«

HILFREICHE SÄTZE UND WÖRTER

ELEMENTARES

Ja.	Sí.
Nein.	No.
Vielleicht.	A lo mejor/Quizás/Tal vez.
In Ordnung/Einverstanden!	De acuerdo!/Está bien!
Bitte!	Por favor!
Danke!	Gracias!
Vielen Dank!	Muchas gracias!
Gern geschehen!	No hay de qué!/De nada!
Entschuldigung!	Perdón!
Wie bitte?	Cómo dice?
Ich verstehe Sie/dich nicht.	No le/la/te entiendo.
Ich spreche nur wenig...	Hablo sólo un poco...
Können Sie mir bitte helfen?	Puede usted ayudarme, por favor?
Ich möchte/hätte gerne...	Quiero/Quisiera...
Das gefällt mir (nicht).	(No) me gusta.
Haben Sie...?	Tiene usted...?
Wie viel kostet es?	Cuánto cuesta?
Wie viel Uhr ist es?	Qué hora es?

HALLO UND AUF WIEDERSEHEN

Guten Morgen!	Buenos días!
Guten Tag!	Buenos días (bis 12 Uhr)/ Buenas tardes (nach 12 Uhr)!
Guten Abend!	Buenas noches!
Hallo!	Hola!
Ich heiße...	Me llamo...
Wie ist Ihr Name, bitte?	Cómo se llama usted, por favor?
Wie geht es Ihnen/Dir?	Qué tal está usted?/ Qué tal?
Gut, danke. Und Ihnen/Dir?	Bien, gracias. Y usted/tú?
Auf Wiedersehen!	Hasta la vista!/Adiós!
Tschüss!	Adiós!/Hasta luego!
Bis bald!	Hasta pronto!
Bis morgen!	Hasta mañana!

VERKEHR/UNTERWEGS

geradeaus	recto/derecho
links/rechts	a la izquierda/a la derecha

nah/weit	cerca/lejos
Wie weit ist das?	A qué distancia está?
Tankstelle	gasolinera
Werkstatt	taller de reparaciones
Bus	guagua
Haltestelle	parada
Abfahrt	salida
Ankunft	llegada
Ich möchte ... mieten	Quiero alquilar...
... ein Auto	un coche
... ein Boot	un barco/un bote
Wo ist bitte...?	Perdón, dónde está...?
... der Bahnhof	la estación
... der Busbahnhof	la estación de guaguas
... der Flughafen	el aeropuerto

NOTFALL

Krankenhaus	hospital, clínica
Sprechstunde	horas de consulta
Arzt	médico
Notfall	emergencia
Diabetiker	diabético

IM RESTAURANT

Die Speisekarte bitte!	La carta, por favor!
Die Rechnung bitte!	La cuenta, por favor!
Weinkarte	carta/lista de vinos
Eine halbe Flasche	media botella
Ein Glas	un vaso
von...	de...
Kellner	camarero
Besteck	cubiertos
Messer	cuchillo
Gabel	tenedor
Löffel	cuchara
Teelöffel	cucharilla/cucharita
Teller	plato
Tasse	taza
geräuchert	ahumado
gegrillt	a la plancha
gebraten	asado
gekocht	cocido
gebacken/frittiert	frito
halb durchgebraten	medio hecho

durchgebraten	bien hecho
paniert	empanado
saftig/schmackhaft	sabroso
reif	maduro
zart/weich	tierno
mild/weich	blando
Soße	salsa

TAPAS & VORSPEISEN (ENTRANTES)

Oliven	aceitunas
Butter	mantequilla
Brot	pan
Brötchen	panecillo
Käse	queso
luftgetrockneter Schinken	jamón serrano
pikante Paprikawurst	chorizo
Blutwurst	morcilla
Fleischbällchen	albóndigas
Sardellen in Essigmarinade	boquerones en vinagre
Sardinen	sardinas
Schnecken	caracoles
Tintenfisch (klein)	calamar/chipirón
Tintenfisch (groß)	pulpo
Kartoffelomelette	tortilla de papas
Salat	ensalada

SUPPEN (SOPAS)

Fleischbrühe	caldo
Gemüsesuppe	sopa de verduras
kalte Gemüsesuppe	gazpacho
Fischsuppe	sopa de pescado
Eintopf	potaje/puchero

EIERSPEISEN (PLATOS DE HUEVOS)

Ei	huevo
hartgekocht	duro
weichgekocht	pasado por agua
Omelette	tortilla francesa
Spiegeleier	huevos fritos
Rührei	huevos revueltos
Eierspeise mit Gemüse	huevos a la flamenca

FLEISCH (CARNE)

Rind	vaca
Kalb	ternera
Huhn	pollo
Ente	pato
Kaninchen	conejo
Lamm	cordero
Hammel	carnero
Schwein	cerdo
Spanferkel	cochinillo
Kotelett	chuleta
Lende	lomo
Braten	asado
Schmorbraten	estofado/guiso
Pökelfleisch	carne salada
Rauchfleisch	carne ahumado
Speck	panceta/beicon/tocino
Aufschnitt	embutidos
Schinken	jamón
Hartwurst	salchichón
pikante Paprikawurst	chorizo

FISCH (PESCADO)/ MEERESFRÜCHTE (MARISCOS)

Papageienfisch	vieja
Tintenfisch	calamar/pulpo/chipirón
Seehecht	merluza
Seezunge	lenguado
Kabeljau	bacalao
Lachs	salmón
Thunfisch	atún
Aal	anguila
Hummer	bogavante
Languste	langosta
Garnele	gamba
Krebs	cangrejo
Krabbe	camarón
Muscheln	almejas
Austern	ostras

GEMÜSE (VERDURAS)/ BEILAGEN (GUARNICIÓN)

Knoblauch	ajo
Zwiebeln	cebollas
Zucchini	bubango/calabacín
Paprika	pimentón
Blumenkohl	coliflor
Spargel	espárragos
Spinat	espinacas
Erbsen	arbejas/guisantes
Kichererbsen	garbanzos
Bohnen	habas/judías
Tomaten	tomate
Gurken	pepinos
Karotten	zanahorias
Kopfsalat	lechuga
Kartoffeln	papas
Pommes Frites	papas fritas
»runzelige Kartoffeln«	papas arrugadas
Reis	arroz
Nudeln	pasta

GEWÜRZE (CONDIMENTOS)

Salz/gesalzen	sal/salado
Pfeffer	pimienta
Essig	vinagre
(Oliven-)Öl	aceite (de oliva)
Senf	mostaza
Safran	azafrán
Zucker	azúcar
Süßstoff	sacarina/edulcorante

NACHSPEISEN (POSTRES)

Süßigkeiten	dulces
Eis	helado
Gebäck	bollo
Kuchen	queque/pastel
Torte	tarta
Pudding	flan
Mandel-Honig-Creme	bienmesabe
Marmelade	mermelada
Honig	miel

OBST (FRUTAS)

Äpfel	manzanas
Birnen	peras
Kirschen	cerezas
Pfirsiche	melocotones
Erdbeeren	fresas
Himbeeren	frambuesas
Orangen	naranjas
Ananas	piña
Bananen	plátanos
Weintrauben	uvas
Mandarinen	mandarinas

Feigen	higos
Kaktusfeigen	higos picos
Datteln	dátiles
Wassermelonen	sandías
Honigmelonen	melones
Quitten	membrillos
Nüsse	nueces

SONSTIGE SPEISEN

belegtes Brötchen	bocadillo
Brandteiggebäck	churros
geröstete Brotwürfel	migas

GETRÄNKE (BEBIDAS)

Mineralwasser	agua mineral
mit/ohne Kohlensäure	con/sin gas
Kaffee	café
Milch	leche
Milchkaffee	café con leche
Espresso	café solo
Espresso mit etwas Milch	café cortado
Tee	té
Bier	cerveza
Wein	vino
weiß	blanco
rot	tinto
rosé	rosado
trocken	seco
süß	dulce
Limonade	limonada
Fruchtsaft	zumo
Schnaps	aguardiente
Anisschnaps	anís
Weinbrand	brandy
trockener Sherry	fino
halbtrockener Sherry	amontillado
süßer Sherry	oloroso

UNTERKUNFT

Haben Sie ein Zimmer frei?	Tiene una habitación libre?
Doppelzimmer	habitación doble
Einzelzimmer	habitación individual
Balkon	balcón
mit Dusche/Bad	con ducha/baño
Halbpension	media pensión
Vollpension	pensión completa
Frühstück	desayuno

Mittagessen	almuerzo
Abendessen	cena
Es gibt kein...	No hay...
Ich habe kein...	No tengo...
Handtuch	toalla
Wasser	agua
Toilettenpapier	papel higiénico

WOCHENTAGE

Montag	lunes
Dienstag	martes
Mittwoch	miércoles
Donnerstag	jueves
Freitag	viernes
Samstag	sábado
Sonntag	domingo

ZEIT

Um wieviel Uhr?	A qué Hora?
Heute	hoy
gestern	ayer
morgen	mañana
morgens	por la mañana

ZAHLEN

0	cero	21	veintiuno
1	un, uno, una	22	veintidós
2	dos	30	treinta
3	tres	40	cuarenta
4	cuatro	50	cincuenta
5	cinco	60	sesenta
6	seis	70	setenta
7	siete	80	ochenta
8	ocho	90	noventa
9	nueve	100	cien, ciento
10	diez	200	doscientos
11	once	1.000	mil
12	doce	2.000	dos mil
13	trece	10.000	diez mil
14	catorce	½	medio
15	quince	¼	un cuarto
16	dieciséis		
17	diecisiete		
18	dieciocho		
19	diecinueve		
20	veinte		

IMPRESSUM

GEQUO Verlag: La Palma Reiseführer
Karlsruhe, Gequo GmbH, 2017

Alle in diesem Reiseführer enthaltenen Informationen wurden von unseren Autoren nach bestem Wissen erstellt und mit größtmöglicher Sorgfalt geprüft. Wir weisen darauf hin, dass inhaltliche Fehler nicht mit Gewissheit auszuschließen sind und wir daher für die Richtigkeit, Vollständigkeit und Aktualität der Inhalte keine Gewähr übernehmen. Unsere Autoren gaben sich weiterhin die größtmögliche Mühe, die Schwierigkeitsgrade von Wanderrouten nach objektivem Maß festzulegen. Neben den Verhältnissen vor Ort haben auch das Wetter und die körperliche Verfassung des Reisenden einen Effekt auf die empfundene Schwierigkeit. Weder der Verlag noch die Autoren haften für mögliche Fehler oder Änderungen nach Drucklegung.

Bilder und Texte:
Monika Störtzer, Gernot Grager & Helge Grager

Karten und Illustrationen:
TRUE ROMANCE — brandmanagement GmbH, Karlsruhe

Verlag und Vertrieb:
Gequo GmbH
Kleinsteinbacher Str. 11
76228 Karlsruhe

www.gequo-verlag.de | info@gequo.de

Wir nehmen Korrekturhinweise, Anregungen und Ergänzungen gerne entgegen und lassen diese in unsere Publikationen einfließen.

2. aktualisierte Auflage 2017

Printed in Germany
ISBN: 978-3-9466-3600-7

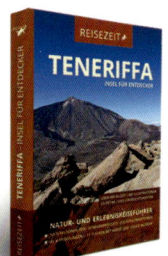

Teriffa Reiseführer
ISBN: 978-3-946636-48-9
Taschenbuch: 412 Seiten
19,95 €

MEHR VOM GEQUO VERLAG!

Lanzarote Reiseführer
Taschenbuch: 346 Seiten
ISBN: 978-3-9466-3602-1
19,95 €

Lanzarote Wanderführer
ISBN: 978-3-9466-3603-8
Taschenbuch: 150 Seiten
12,95 €

La Palma Wanderführer
ISBN: 978-3-9466-3601-4
Taschenbuch: 146 Seiten
12,95 €